The Kagyu Monlam Book
Supplement

The
Kagyu Monlam Book
Supplement

Compiled by the Seventeenth Gyalwang Karmapa Ogyen Trinley Dorje

Translated by the Kagyu Monlam Translation Team

ALTRUISM PUBLICATIONS
Dharamsala ☸ 2010

Drophen Tsuglak Petunkhang (Altruism Publications)
Tsurphu Labrang
Gyuto Tantric University
P.O. Sidhbari 176057
Dharamsala H.P., District Kangra, India

First edition 2010.

Printed in the USA.

"Granting the Wish for Immortality" on pages 17-21 was translated by Rigpa Translations and is used with their kind permission.

Excerpts from *The Way of the Bodhisattva* on pages 117–122 are from *The Way of the Bodhisattva*, by Shantideva, translated by the Padmakara Translation Group, © 1997, 2006 by Padmakara Translation Group. Reprinted by arrangement with Shambhala Publications Inc., Boston, MA. www.shambhala.com.

All Pervading Benefit for Beings on pages 136–138 was translated by Tyler Dewar of the Nitartha Translation Network. The translation originally appeared in *Trainings in Compassion: Manuals on the Meditation of Avalokiteshvara* (Snow Lion Publications, 2004) and appears in this volume with the kind permission of Snow Lion Publications. www.snowlionpub.com.

 Contents

The Ritual of Mahayana Sojong 1

LONG LIFE PRAYERS FOR EXALTED BEINGS WHO UPHOLD THE TEACHINGS

A Wondrous Vase of Deathless Amrita: A Long Life Prayer for
   H.H. the XIV Dalai Lama, the Supreme Guide of Devas and Humans . . 7
A Long Life Prayer for H.H. Sakya Tridzin. 12
Spontaneous Fulfillment of Our Wishes: A Long Life Prayer for
   H.H. the XVII Karmapa, Tendzin Kunkhyap Wang gi Dorje 14
Granting the Wish for Immortality: A Prayer for the Long Life of Dzarong
   Trulshik Shaptrul Rinpoche, the Representative of Guru Rinpoche 17
A Long Life Prayer for the Kagyu Gurus. 22
A Long Life Prayer for the Seven Masters and Disciples
   of the Karma Kamtsang 25

SUTRAS OF THE BHAGAVAN AKSHOBHYA

The Dharani that Thoroughly Purifies all Karmic Obscurations 31
The Sutra of the Dharani that Thoroughly Liberates from All Suffering
   and Obscurations. 35

RITUALS OF OFFERING AND DEVOTION

A Concise Ritual of Offering to the Seven Tathagatas. 45
A Ritual of Offerings to the Gurus 75
All-Pervading Benefit of Beings. 136

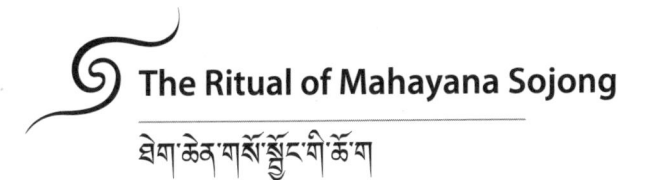

The Ritual of Mahayana Sojong

ཐེག་ཆེན་གསོ་སྦྱོང་གི་ཆོ་ག

བླ་མའམ་རྟེན་གྱི་དྲུང་ནས་གསོ་སྦྱོང་གི་སྡོམ་པ་ལེན་པ་ལ། ཕྱག་གསུམ་འཚལ། པུས་མོ་བཙུགས་ཏེ།

To take the sojong vows, in the presence of a lama or a representation, prostrate three times and kneel.

ཕྱོགས་བཅུ་ན་བཞུགས་པའི་སངས་རྒྱས་དང་བྱང་ཆུབ་སེམས་དཔའ་ཐམས་ཅད་བདག་ལ་དགོངས་སུ།
chok chu na shuk pay sang gye dang jang chup sem pa tam che dak la gong su
All buddhas and bodhisattvas dwelling in the ten directions, think of me.

གསོལ། སློབ་དཔོན་དགོངས་སུ་གསོལ།
söl   lop pön gong su söl
Master, think of me.

ཇི་ལྟར་སྔོན་གྱི་དེ་བཞིན་གཤེགས་པ་དགྲ་བཅོམ་པ་ཡང་དག་པར་རྫོགས་པའི་སངས་རྒྱས་ཏ་
ji tar ngön gyi de shin shek pa dra chom pa yang dak par dzok pay sang gye ta
Just as the tathagatas, arhats, complete and perfect buddhas of the past, the intelligent horses,

ཅང་ཤེས་ལྟ་བུ། གླང་པོ་ཆེན་པོ། བྱ་བ་བྱས་ཤིང་། བྱེད་པ་བྱས་པ། ཁུར་བོར་བ།
chang she ta bu   lang po chen po   ja wa je shing   je pa je pa   khur bor wa
the great elephants, who have performed the task and fulfilled the function,

རང་གི་དོན་རྗེས་སུ་ཐོབ་པ། སྲིད་པ་ཀུན་ཏུ་སྦྱོར་བ་ཡོངས་སུ་ཟད་པ། ཡང་དག་པའི་བཀའ།
rang gi dön je su top pa   si pa kün tu jor wa yong su se pa   yang dak pay ka
who have cast off the load, who have thereupon gained their own benefit, who have completely

ལེགས་པར་རྣམ་པར་གྲོལ་བའི་ཐུགས། ལེགས་པར་རྣམ་པར་གྲོལ་བའི་ཤེས་རབ་ཅན་དེ་དག་གིས་
lek par nam par dröl way tuk   le par nam par dröl way she rap chen de dak gi
extinguished the fetters of existence, whose words are true, whose minds are well and truly freed,

སེམས་ཅན་ཐམས་ཅད་ཀྱི་དོན་གྱི་ཕྱིར་དང་། ཕན་པར་བྱ་བའི་ཕྱིར་དང་། གྲོལ་བར་བྱ་
sem chen tam che kyi dön gyi chir dang   pen par ja way chir dang   dröl war ja
who have well and truly liberated wisdom, just as they, for the sake of all sentient beings;

བའི་ཕྱིར་དང་། མུ་གེ་མེད་པར་བྱ་བའི་ཕྱིར་དང་། ནད་མེད་པར་བྱ་བའི་ཕྱིར་དང་།
way chir dang   mu ge me par ja way chir dang   ne me par ja way chir dang
to benefit them; to liberate them; to eliminate famine; to eliminate illness;

བྱང་ཆུབ་ཀྱི་ཕྱོགས་ཀྱི་ཆོས་རྣམས་ཡོངས་སུ་རྫོགས་པར་བྱ་བའི་ཕྱིར་དང་། བླ་ན་མེད་པ་
jang chup kyi chok kyi chö nam yong su dzok par ja way chir dang   la na me pa
to completely perfect the factors of enlightenment; to perfectly realize

ཡང་དག་པར་རྫོགས་པའི་བྱང་ཆུབ་ངེས་པར་རྟོགས་པར་བྱ་བའི་ཕྱིར། གསོ་སྦྱོང་ཡང་དག་
yang dak par dzok pay jang chup nge par tok par ja way chir   so jong yang dak
the unsurpassed, true, and complete enlightenment, properly performed restoration

པར་མཛད་པ་དེ་བཞིན་དུ།
par dze pa de shin du
and purification,

བདག་མིང་འདི་ཞེས་བགྱི་བས་ཀྱང་། དུས་འདི་ནས་བཟུང་སྟེ། ཇི་སྲིད་སང་ཉི་མ་མ་
dak ming [say your name] she gyi way kyang   dü di ne sung te   ji si sang nyi ma ma
I, named [name], shall also from this time onward until the sun rises tomorrow,

ཤར་གྱི་བར་དུ། སེམས་ཅན་ཐམས་ཅད་ཀྱི་དོན་གྱི་ཕྱིར་དང་། ཕན་པར་བྱ་བའི་ཕྱིར་
shar gyi bar du   sem chen tam che kyi dön gyi chir dang   pen par ja way chir
for the sake of all sentient beings; to benefit them;

དང་། གྲོལ་བར་བྱ་བའི་ཕྱིར་དང་། མུ་གེ་མེད་པར་བྱ་བའི་ཕྱིར་དང་། ནད་མེད་པར་བྱ་
dang   dröl war ja way chir dang   mu ge me par ja way chir dang   ne me par ja
to liberate them; to eliminate famine; to eliminate illness;

བའི་ཕྱིར་དང་། བྱང་ཆུབ་ཀྱི་ཕྱོགས་ཀྱི་ཆོས་རྣམས་ཡོངས་སུ་རྫོགས་པར་བྱ་བའི་ཕྱིར་དང་།
way chir dang   jang chup kyi chok kyi chö nam yong su dzok par ja way chir dang
to completely perfect the factors of enlightenment;

བླ་ན་མེད་པ་ཡང་དག་པར་རྫོགས་པའི་བྱང་ཆུབ་ངེས་པར་རྟོགས་པར་བྱ་བའི་ཕྱིར་གསོ་སྦྱོང་
la na me pa yang dak par dzok pay jang chup nge par tok par ja way chir so jong
to perfectly realize the unsurpassed, true, and complete enlightenment, properly undertake

ཡང་དག་པར་བླང་བར་བགྱིའོ། །
yang dak par lang war gyi o (3x)
restoration and purification.

ལན་གསུམ་མཛད་བླ་མས་ཐབས་ཡིན་ནོ། །
   [Master: tap yin no]
Repeat three times. Then the master says: This is the method.

lek so

Respond with: It is very good.

deng ne sok chö mi ja shing
From now on I shall not take life,

trik pay chö kyang mi che ching
I shall commit no sexual act,

kyön ni mang po nyer ten pay
I shall give up intoxicants,

tri ten che to mi ja shing
I shall not sit on great, high seats,

dri dang treng wa gyen dang ni
I shall abstain from perfumes and

ji tar dra chom tak tu ni
Just as the arhats at no time

de shin sok chö la sok pang
I also give up killing and so forth.

duk ngel mang truk jik ten di
May this world roiling with much suffering

shen gyi nor yang lang mi ja
Nor shall I take another's things.

dzün gyi tsik kyang mi ma o
Nor shall I speak untruthful words.

chang ni yong su pang war ja
Which are the cause of many faults.

de shin dü ma yin pay se
Nor eat at inappropriate times.

gar dang lu sok pang war ja
Necklaces, jewelry, song, and dance.

sok chö la sok mi je tar
Take life or do the other acts,

la me jang chup nyur top shok
May I achieve supreme awakening.

si pay tso le dröl war shok
Be freed from the ocean of existence.

Prostrate three times.

oṃ amoghaśīla sambhara sambhara bhara bhara mahāśuddha satva
OṂ AMOGHAŚĪLA SAMBHARA SAMBHARA BHARA BHARA MAHĀŚUDDHA SATVA

padma vibhuṣhita bhuja dhara dhara samanta avalokite hūṃ phaṭ svāhā
PADMA VIBHUṢHITA BHUJA DHARA DHARA SAMANTA AVALOKITE HŪṂ PHAṬ SVĀHĀ

trim kyi tsul trim kyön me ching
With conduct of faultless discipline,

tsul trim nam par dak dang den
Discipline that's completely pure,

lom sem me pay tsul trim kyi
Discipline free of arrogance,

tsul trim pa rol chin dzok shok
May I perfect transcendent discipline.

gyal wa kün gyi je su lop gyur te
Following all the victors, may I train

sang po chö pa yong su dzok che ching
And bring excellent conduct to perfection.

tsul trim chö pa dri me yong dak pa
May I act with pure, stainless discipline

tak tu ma nyam kyön me chö par shok
That never lapses and is free of faults.

Long Life Prayers *for* Exalted Beings *Who* Uphold the Teachings

A Wondrous Vase of Deathless Amrita: A Long Life Prayer for H.H. the XIV Dalai Lama, the Supreme Guide of Devas and Humans

oṃ svasti siddhaṃ
OṂ SVASTI SIDDHAṂ

dö ne nam dak kün khyap rik pay shi
Pristine pervasive awareness,

ji ta ji nye khyen pay ye she chen
Knowing how things are and all there is,

drip nyi mün pa sang shing tse war den
Rid of the two veils' darkness, you are loving,

top la sok pay yön ten jung ne dak
Source and lord of the strengths and all qualities,

de nyi ma gak chö ying rang dang le
Unceasing radiance of the dharmadhatu,

nge pa nga den sam mi khyap pay trül
Inconceivable magic of the five certainties,

chir yang char way mi se gyen khor lo
Inexhaustible, ornamental wheel of unlimited appearances;

shi dang ye she du dral me pay ngang
Inseparable ground and wisdom,

chö ku ngön par gyur dze shap ten söl
You've achieved the dharmakaya: I pray that you live long.

dü ma che shing lhün gyi drup pay pal
Non-composite, glorious, spontaneous presence.

gang chen gyal way gyal tsap shap ten söl
Buddha's regent in Tibet: I pray that you live long.

suk ku dral me sar du ngom gyur ching
Your rupakaya, indivisible from it, is newly revealed.

khyap dzok lhen kye jung ne shap ten söl
Pervasive, perfect source of the coemergent: I pray that you live long.

gang dül de nye kün gyi jung ne chok
Great source of all that tames each;

7

kham sum si na dren pay gyen chik pu
Unrivaled ornament of the three realms;

gyal way jung ne ta ye sam shin gyi
Source of buddhas, you've taken countless intentional births.

jik dral je tsün tsung me chok gi pal
Fearless, peerless, glorious lord, armored with

khor yug yang pay sa chen tsung pay de
You distinctly see the great ground of morality.

tsöl me nga wang she jay pa tar chin
Lord of effortless speech, your knowledge is perfect.

tsuk lak gya tsor sik pay chen yang shing
Your vision is vast; you've studied oceans of dharma.

pop pa mi se lo drö ting gya tsoy
With endless confidence, profound ocean of intelligence,

ji nye de tar khyen pay ting yang le
From deep and vast knowledge of all things as they are

drol min dral dzin ye she chik char way
And path that liberates, ripens, frees, and cares for beings.

trul pay tsul dzin dro way de pön söl
Emanated guide of beings: I pray that you live long.

mi jik uk jin de way go kap le
In each of them, you've granted us fearless joy.

jin pay go tsen tsung dral tak ten söl
Unrivaled generosity: I pray that you live forever.

ma dre lo yi kün chö dak po khen
You are the master of your actions.

tsul trim nyi may nyen gyur shap ten söl
Lotus of morality: I pray that you live long.

dro kham ji si ma dre sor nang way
Beings' minds appear distinctly to you.

sö pay par chin tsung me shap ten söl
Your transcendent patience is unequaled: I pray that you live long.

chak tok se me pung poy shi gyü lam
Arises unobstructed, inexhaustible wisdom of the ground

tsön drü ngön jung dam tsen tak ten söl
Your commitment to diligence is firm: I pray that you live forever.

Long Life Prayer for H.H. the Dalai Lama

གངས་ཅན་མཁས་དང་གྲུབ་པའི་རྒྱན་གཅིག་པུ། །
gang chen khe dang drup pay gyen chik pu
The greatest jewels among the wise and attained of Tibet,

བདེན་གཞི་རྟག་ཆད་བྲལ་བའི་བསྟན་འཛིན་མཆོག །
den shi tak che dral way ten dzin chok
Free from eternalism and nihilism. Best holder of their teachings,

ལུང་རིགས་བློ་འདོགས་ཕྲ་བའི་ཕ་མཐར་ལས། །
lung rik dro dok tra way pa ta le
Far beyond even the slightest doubt about scripture and reasoning,

རྒྱ་མཚོའི་གཏིང་མཐའ་དཔོག་པའི་གོ་སྐབས་ཆུང་། །
gya tsoy ting ta pok pay go kap chung
Your resultant freedom and ripening are an unfathomable, boundless ocean.

འཁོར་ལོ་གསུམ་གྱི་རྟག་ཏུ་བསྐྲུན་པའི་དཔལ། །
khor lo sum gyi tak tu trün pay pal
The majesty continuously born from your three wheels

ཡེ་གྲུབ་སྣ་བདུན་འཁོར་བཅས་ཚོལ་མེད་ལྡན། །
ye drup na dün khor che tsöl me den
Effortlessly endowed with the royal primordial seven,

རྫོགས་ལྡན་གསར་པའི་དང་ཚུལ་དཔུལ་བྱུང་བ། །
dzok den sar pay ngang tsul pul jung wa
May his good intentions and aspirations

འཛམ་གླིང་ཕྱོགས་མཐར་མི་མཇེད་ཀུན་ལ་ཁྱབ། །
dzam ling chok ta mi je kün la khyap
Fill Jambudvipa and this whole realm of Saha.

དཔལ་ལྡན་ཨ་ཏི་ཤ་དང་བློ་བཟང་གྲགས། །
pal den a ti sha dang lop sang drak
Glorious Atisha and Lobsang Drakpa, taught the four truths

བསམ་གཏན་ཕར་ཕྱིན་གང་དེ་ཞབས་བརྟན་གསོལ། །
sam ten par chin gang de shap ten söl
Your meditation is transcendent: I pray that you live long.

མང་ཐོས་གཞི་བཅོམ་བྲལ་སྨིན་འབྲས་བུའི་དཔལ། །
mang tö shi chom dral min dre buy pal
Through learning you've conquered the four maras.

ཤེས་རབ་བརྩེ་བའི་དཔལ་གཏེར་ཞབས་བརྟན་གསོལ། །
she rap tse way pal ter shap ten söl
Splendid treasure of wisdom and love: I pray that you live long.

མི་འཇིགས་སེང་གེ་ཆོས་ཀྱི་ཁྲི་འཕང་ལས། །
mi jik seng ge chö kyi tri pang le
Has seated you on the fearless lion throne of dharma.

རིས་མེད་བསྟན་པ་ཀུན་གྱི་གཙུག་གི་ནོར། །
ri me ten pa kün gyi tsuk gi nor
You are the crown jewel of the teachings of all traditions.

གང་ལ་དེ་ཡིས་ལྷག་བསམ་སྨོན་པའི་ཚིག །
gang la de yi lhak sam mön pay tsik
For a wondrous new age of perfection

དྲང་སྲོང་བདེན་པའི་སྨོན་ཚིག་དེ་བཞིན་དུ། །
drang song den pay mön tsik de shin du
Like the true words of sages' aspirations,

དེ་ལྟར་གསོལ་བའི་འབྲས་བུ་མངོན་གྱུར་ཅིག

de tar söl way dre bu ngön gyur chik

May my prayers be fulfilled.

ཇི་བཞིན་མ་འོངས་བསྐལ་པ་ཇི་སྲིད་དུ། །

ji shin ma ong kal pa ji si du

For as many kalpas as there are in the future,

དེ་བཞིན་འབྲལ་མེད་རྗེས་གཟུང་རྟག་ཏུ་སྐྱོངས། །

de shin dral me je sung tak tu kyong

Please always care for and protect me.

ཞེས་པའི་ཚིགས་སུ་བཅད་པ་འདི་ནི་པད་དཀར་འཆང་བའི་སྐུ་ཕྲེང་བཅུ་བཞི་པ་རྗེ་བཙུན་ངག་དབང་བློ་བཟང་ཡེ་ཤེས་བསྟན་འཛིན་རྒྱ་མཚོ་སྲིད་གསུམ་དབང་བསྒྱུར་མཚུངས་པ་མེད་པའི་སྐུ་མཚོག་གི་ཡུགས་གཉིས་ཀྱི་སྐྱབས་འོག་ཏུ་འཁོད་པ་ཀརྨའི་མིང་འཛིན་བཅུ་དྲུག་པས་ཟླ་བ་གསུམ་པའི་ཡར་ཚེས་དགེ་བའི་གཉེན་མཚོག་གི་མཚན་དཔེའི་རྗེས་སུ་དྲན་པས་ཐལ་མོ་སྤྱི་བོར་བཀོད་དེ་ཞབས་པད་བསྐལ་པ་རྒྱ་མཚོའི་བར་དུ་བརྟན་ཅིང་འཛམ་གླིང་རྒྱལ་བསྟན་ཡོངས་རྫོགས་ཀྱི་མགོན་དུ་བཞུགས་པར་གསོལ་བ་ལན་བརྒྱར་འདེབས་པ་ལགས་ན་དེ་དེ་བཞིན་དུ་འགྲུབ་པར་གྱུར་ཅིག ཤུབྷཾ། ཛ་ཡནྟུ། ཛ་ཡནྟུ།

The sixteenth holder of the name Karmapa—who is under the dual protection of the fourteenth incarnation of the holder of a white lotus, His Holiness Ngawang Lobsang Yeshe Tenzin Gyatso Sisum Wangyur Tsungpa Mepay De—composed these verses on an auspicious day in the waxing phase of the third month. Thinking of this great being's marks and signs, I place my joined palms atop my head and pray a hundred times that his lotus feet remain firm for oceans of kalpas, and that he continue to protect all the buddhadharma throughout Jambudvipa. May my prayers be fulfilled! SHUBHAM! JAYANTU! JAYANTU!

Long Life Prayer for H.H. the Dalai Lama

བྱང་ཕྱོགས་གངས་རིའི་ར་བས་བསྐོར་བའི་རྒྱུད། །
jang chok gang riy ra way kor way gyü
In the northern pure land of Tibet, a land of Dharma,

སྐྱེ་དགུའི་ཕན་དང་བདེ་བ་མ་ལུས་པ། །
kye gui pen dang de wa ma lü pa
You are a treasure of compassion, the source of all

འཕགས་མཆོག་སྤྱན་རས་གཟིགས་དབང་མི་གཟུགས་ཅན། །
pak chok chen re sik wang mi suk chen
The great Noble Chenrezik in human form,

གཙུག་གི་རྒྱན་གྱུར་བླ་མའི་ཞབས་བསྐྱེས་པ། །
tsuk gi gyen gyur la may shap kye pe
The oceans of those who uphold the Sage's teachings.

བོད་ཡུལ་ཆོས་ལྡན་ཞིང་གི་རྒྱལ་ཁམས་སུ། །
bö yül chö den shing gi gyal kham su
Encircled by a ring of snow mountain ranges,

འབྱུང་བའི་ཡོན་གནས་དམ་པ་ཐུགས་རྗེའི་གཏེར། །
jung way yön ne dam pa tuk jey ter
That benefits all beings and brings them happiness.

ཐུབ་བསྟན་འཛིན་པ་རྒྱ་མཚོ་ལྟ་བུ་ཡི། །
tup ten dzin pa gya tso ta bu yi
You, Tenzin Gyatso, are the crown jewel of

སྲིད་མཐའི་བར་དུ་གཡོ་མེད་བརྟན་གྱུར་ཅིག །
si tay bar du yo me ten gyur chik
May you live unwaveringly until the end of existence.

རྒྱལ་བའི་ཞབས་བརྟན་བསྩལ་པ་ཀརྨ་ཨོ་རྒྱན་ཕྲིན་ལས་རྡོ་རྗེས་མཛད་པའོ། །
Composed by Karmapa Ogyen Trinley Dorje.

A Long Life Prayer for H.H. Sakya Tridzin

drang ye kal par tuk kye tsok nyi tü
Shakyamuni, through countless kalpas of bodhichitta

ma lü dro way gön gyur sha kyay tok
And the two accumulations, you became all beings' protector.

jam yang chen re sik dang sang dak sok
Along with Manjughosha, Avalokita, Vajrapani,

gyal dang gyal se kün gyi jin chen tsöl
And all buddhas and bodhisattvas: Grant your great blessings.

nga wang jam pal dor jey jin lap si
Through the blessings of Manjuvajra, the lord of speech,

kün ga nying poy she söl dam pay chok
You uphold the wondrous teachings of Kunga Nyingpo,

tek chen do ngak pel way dze ö kyi
Radiating the light of mahayana sutra and tantra.

pal bar kyap gön la ma shap ten söl
Glorious guru, refuge and protector: I pray that you live long.

kün khyap trin le ö ser bum gye pay
You've the wish-fulfilling jewel of unity that emits

sung juk sam pel nor bu rap nye te
A hundred thousand light-rays of pervasive activity.

shi gye wang gi le dang khye par du
Through pacification, increase, and attraction; and especially

chi me tse yi gyal por tak shuk söl
As the king of immortality: I pray that you live forever.

gang gi shap sung ta shi re kha ni
May the banner of your victory fly forever,

mi nup sal war drak pay dra dang lhen
And your fame always resound

chok le gyal way gyal tsen tak char way
At your auspiciously formed feet.

gang jong gyal ten chi dang khye par du
So that all the dharma of the Land of Snow

nam yang mi nyam ring du pel way le
Never weaken, but long remain,

la ma lha tsok nam kyi jin lap dang
Through the blessings of the gurus and deities,

chö ying sam mi khyap dang dam tsik tü
And the power of the inconceivable dharmadhatu and our samaya,

pen dang de way pal sang ten gyur chik
Splendid source of benefit and joy: I pray that you live long.

lha rik khön tön tse chen ring luk chok
And the great tradition of the kind divine Sakyas

gön khyö shap ten tuk she lek drup shok
May you, our protector, live long and fulfill your wishes.

dor jey ka sung tsok kyi trin le top
The strength of the vajra protectors,

mön dön gek me ji shin drup gyur chik
May these aspirations be fulfilled without impediment.

When the peerless Sakya Tridzin Rinpoche, Ngawang Kunga Tekchen Palbar Trinley Sampel Wangi Gyalpo Tashi Drakpay Gyaltsen Pal Zangpo, reached his sixty-first year, all the disciples of the Sakya tradition offered him a long-life ceremony. They requested that I compose a prayer for his long life that could be used by all on that occasion.

With the fervent aspiration that this holy being's lotus feet remain firm for a long time for the good of both dharma and beings, this was written by the Dalai Lama, the Buddhist monk Tenzin Gyatso, on the auspicious fifteenth day of the tenth month of the Tibetan year 2131, the Wood Monkey Year; the 26th of November, 2004.

Spontaneous Fulfillment of Our Wishes: A Long Life Prayer for H.H. the XVII Karmapa, Tendzin Kunkhyap Wang gi Dorje

ཨོཾ་སྭསྟི།
oṃ svasti
OṂ SVASTI

pun tsok tob chuy pal den sha kyay gyal
May the King of the Shakyas, the glory of the excellent ten powers,

tuk jey dak nyi tso kye dor jey shap
The essence of compassion, the Lake-Born Vajra,

ma me tuk kye kya reng kyi drang pay
The dawn of your impeccable bodhichitta brings forth

shing dir sal way kal sang lek shar way
The sun that shines brightly on the fortunate aeon of this realm

gyal ten lung tok chö tsul dzin pay pal
The glory that upholds the Victor's teachings of scripture and realization,

lhün drup wang gi trin le rap nye pay
I bow to the Karmapa, who holds the vajra

jik ten wang chuk gyal wa gya tso dang
The lord of the world, Gyalwa Gyatso,

kyap yul kün gyi deng dir ge lek tsöl
And all the sources of refuge grant good fortune here and now.

chok trul nyin mor che pay tsen pey si
The brilliant marks and signs of a supreme nirmanakaya,

dak chak re wa dön che nyi du gyur
And fulfills our hopes and benefit.

kün khyap tuk je gya tsoy dak nyi che
You are the embodiment of the ocean of pervasive compassion.

dor je dzin pa kar ma pa la dü
That fully possesses the activity of spontaneous power.

Long Life Prayer for H.H. the XVII Karmapa

ten la dze pa kar poy ö ri chen
The Karmapa's successive births,
    a string of pearls,

kün gyi nam tar tsul shin kyong khe pay
You are skilled in properly upholding
    their examples.

gya chen lung gi gö sang lhap lhup yo
The fine silk of vast scriptures, draped
    and waving,

nam jö ser gyi yu wa rap ten pay
Atop the firm golden staff of intelligence:

drup pay tsuk gyen lho drak mar pa sok
You have received the treasury of instructions
    from many mahasiddhas

drup rik ten pa kyong shing pel way gön
Protector who sustains and spreads
    the siddhas' teachings,

gya bö la sok shar nup yul dru kün
By embracing China, Tibet, and all other
    countries,

kye gui de lek tsa wa tsuk pa dang
You have planted the seeds of all beings'
    joy and goodness:

rim jön kar may kye rap mu tik treng
Glow with the luster of white deeds for the
    teachings.

pal den dro way gön por shap ten söl
Glorious protector of beings, I pray that you live
    long.

pul jung nyam tok nor buy tse gyen dze
Is beautified by the jewel of complete experience
    and realization

kye chok ten pay gyal tsen shap ten shok
May this great being, the victory banner of the
    teachings, live long.

drup top gya tsoy dam ngak dzö nye te
Such as the crown jewel of siddhas, Lhodrak
    Marpa, and others.

drup chok kyil khor dak por shap ten shok
Lord of the mandala of siddhas, I pray that you
    live long.

gang gi dze pay shing du yong sung way
From east to west, as the realm of your deeds,

pun tsok chö jor luk sang pel gyur chik
May the good traditions of excellent dharma and
    prosperity flourish.

ལྷ་མ་ཡི་དམ་མཆོག་གསུམ་བདེན་བྱིན་དང་། །

la ma yi dam chok sum den jin dang

By the blessings of truth from the lama,
yidam, and three jewels;

ལྷག་བསམ་དག་པའི་བདེན་ཚིག་མཐུ་བཙན་པས། །

lhak sam dak pay den tsik tu tsen pay

And by the mighty strength of truthful words
from a pure motivation:

ཆོས་ཉིད་རྟེན་འབྲེལ་ཟུང་འཇུག་དངོས་པོའི་གཤིས། །

chö nyi ten drel sung juk ngö poy shi

By the union of dharmata and interdependence,
the nature of things;

སྨོན་པའི་གནས་རྣམས་འབད་མེད་ལྷུན་འགྲུབ་ཤོག །

mön pay ne nam be me lhün drup shok

May what we wish for be effortlessly accomplished.

After determining that Ogyen Drodul Trinley Dorje is the emanation of the supreme guide, the precious Karmapa, Situ Rinpoche and Gyaltsap Rinpoche requested that I should grant him a name. I had intended to grant him a name quickly when giving him monastic vows, but until now that has remained undone. Now the Tsurphu Labrang in Rumtek, the Sherap Ling Labrang in Bir, the Ralang Palchen Labrang, and others have earnestly requested me to write a prayer for his long life.

Accordingly, in addition to bestowing upon him the name "Tendzin Kunkhyap Wang gi Dorje," I, the Buddhist monk Tenzin Gyatso, composed this sincere prayer entitled "Spontaneous Fulfillment of Our Wishes" on the 17th day of the 10th month of the Fire Ox year of the 17th cycle, December 15, 1997. May virtue flourish!

Granting the Wish for Immortality: A Prayer for the Long Life of Dzarong Trulshik Shaptrul Rinpoche, the Representative of Guru Rinpoche

ཀུན་བཟང་དོད་མའི་མགོན་པོ་ཤཱཀྱའི་རྒྱལ། །
kün sang dö may gön po sha kyay gyal

Primordial buddha Samantabhadra, Buddha Shakyamuni,

མཐུ་སྟོབས་བདག་ཉིད་པད་མ་ཀ་རའི་ཞབས། །
tu top dak nyi pe ma ka ray shap

Padmakara, embodiment of enlightened power and strength,

རྡོ་རྗེ་གཞོན་ནུ་ཨཱརྻ་ཏཱ་རེ་སོགས། །
dor je shön nu a rya ta re sok

Vajrakumara, Arya Tara, and the like—

རྩ་གསུམ་ཞི་ཁྲོས་དེང་འདིར་དགེ་ལེགས་སྩོལ། །
tsa sum shi trö deng dir ge lek tsöl

Peaceful and wrathful gurus, yidams and dakinis, grant us virtue and goodness, here and now!

ངག་དབང་འཇམ་དཔལ་དཔའ་བོས་བྱིན་བརླབས་པས། །
nga wang jam pal pa wö jin lap pay

Through the blessings of Manjushri, lord of speech,

ལུང་རྟོགས་ཆོས་ཀྱི་རྒྱལ་མཚན་ཕྱོགས་ཀུན་ཏུ། །
lung tok chö kyi gyal tsen chok kün tu

You raise the victory banner of the Dharma of scripture and realization

བསྒྲེང་ལ་བློ་གྲོས་ཟབ་མོའི་དཔལ་མངའ་བ། །
dreng la lo drö sap moy pal nga wa

In all directions, for you are endowed with a wisdom so profound—

བླ་མེད་དཔལ་ལྡན་བླ་མར་གསོལ་བ་འདེབས། །
da me pal den la mar söl wa dep

To the most glorious and incomparable Lama, we pray!

བེ་རོའི་སྐུ་འཕྲུལ་དུས་ཀྱི་ཡང་མཐའ་འདིར། །
be roy gyu trul dü kyi yang ta dir
Magical emanation of Vairochana, in this final age,

སླར་ཡང་ཁྲིམས་ལྡན་མཁན་པོའི་སྐུར་བཟུང་བ། །
lar yang trim den khen poy kur sung wa
Once again you assume the form of an abbot holding monastic vows,

བསྟན་དང་འགྲོ་བའི་མགོན་དཔུང་དམ་པ་རུ། །
ten dang dro way gön pung dam pa ru
Venerable lord and defender of the teaching and beings,

ཞབས་པད་འགྱུར་མེད་བསྐལ་བརྒྱར་བརྟན་བཞུགས་གསོལ། །
shap pe gyur me kal gyar ten shuk söl
May your life remain secure for a hundred æons!

བསྟན་དང་སྟོན་པ་གཅིག་གྱུར་སོ་སོ་ཐར། །
ten dang tön pa chik gyur so so tar
Holder of the individual liberation, where the Teachings and the Teacher become one,

འཛིན་མཁས་སྡོམ་བརྩོན་རྒྱ་མཚོའི་གཙུག་གི་ནོར། །
dzin khe dom tsön gya tsoy tsuk gi nor
Crown jewel of infinite learning, discipline and diligence,

དུ་མའི་འགྲོ་ལ་ཕན་བདེའི་དཔལ་བཞིན་དུ། །
du may dro la pen de pel shin du
You bring ever greater benefit and happiness to countless wandering beings,

ཞབས་པད་འགྱུར་མེད་བསྐལ་བརྒྱར་བརྟན་བཞུགས་གསོལ། །
shap pe gyur me kal gyar ten shuk söl
May your life remain secure for a hundred æons!

གང་གི་ཐུགས་རྒྱུད་ཟབ་ཡངས་རྒྱ་མཚོའི་འཛིངས། །
gang gi tuk gyü sap yang gya tsoy jing
The vast, deep ocean of your wisdom mind

བརྟན་མཁས་ཡོན་ཏན་དབྱིངས་ཀྱི་ཡོངས་སུ་གཏམས། །
ten khe yön ten ying kyi yong su tam
Is filled with the jewels—your noble qualities of learning and holiness,

kheng kyung shi dül ka dam nam tar kyong

Humble, peaceful and disciplined, you follow the lifestyle of the great Kadampas,

shap pe gyur me kal gyar ten shuk söl

May your life remain secure for a hundred æons!

gang jong ri me tup ten gya tso che

The great ocean of Tibet's non-sectarian teachings of the Buddha,

gang gi khyen pay long du lek kyil te

Is perfectly embraced within the expanse of your understanding,

sum den dor je dzin par ngön shek pa

You who appear as a Vajra holder with the three vows,

shap pe gyur me kal gyar ten shuk söl

May your life remain secure for a hundred æons!

khye par nga gyur tek pay söl chen po

And especially for the great tradition of the Early Translation vehicle,

ka ter sung juk ten pay nying po gang

And the essence of its teachings—kama and terma combined,

chok dü kün tu mi nyam kyong le du

Never to decline but flourish in all directions and for all time,

shap pe gyur me kal gyar ten shuk söl

May your life remain secure for a hundred æons!

jam yang nam sum ya gyal long chen poy
So that the tradition of teaching and practice of the great works of Longchenpa, one of the "Three Manjushris" of Tibet—

she shung ngal so kor sum dzö chen sok
The Trilogy of Being at Ease, the *Great Treasuries* and so on,

she drup ten sol dar gye yün ne chir
Will spread far and wide and remain long into the future,

shap pe gyur me kal gyar ten shuk söl
May your life remain secure for a hundred æons!

dor na tuk kye ji tar dze pa shin
Your sacred aspirations are enacted in everything you do,

tup ten chi dang che drak nga gyur way
And so, for the teachings of the Buddha to flourish for ages to come,

tun min sap sang yün du pel way le
And especially the profound and secret uncommon teachings of the Ancient Translations,

shap pe gyur me kal gyar ten shuk söl
May your life remain secure for a hundred æons!

chö ying nam dak chok sum jin tu dang
By the power of the dharmadhatu, utterly pure, and through the blessings of the Buddha, Dharma and Sangha,

ka dö ten sung tsok kyi nü pay top
By the might and strength of all the Dharma guardians and their retinues,

བདག་ཅག་དད་དམ་ཚེ་གཅིག་བདེན་པའི་མཐུས། །
dak chak de dam tse chig den pay tü
And by the power of the truth of our one-painted faith and samaya pledge,

ཇི་ལྟར་སྨོན་པའི་དོན་འདི་ལྷུན་འགྲུབ་ཤོག །
ji tar mön pay dön di lhün drup shok
May this prayer be spontaneously fulfilled, just as we aspire!

ཅེས་པ་འདི་བཞིན། སྡོམ་འགྱུར་བསྟན་འཛིན་དམ་པ་རྫ་སྤྲུལ་ངག་དབང་བསྟན་འཛིན་ནོར་བུ་དང་། སྨིན་གླིང་གཅུང་རིན་པོ་ཆེ། བདུད་འཇོམས་རིན་པོ་ཆེ། དགེ་ལུགས་ནས་དགའ་ལྡན་ཁྲི་ཟུར་ཁྱེས་གཅུང་ལྷུན་གྲུབ་བརྩོན་འགྲུས་རིན་པོ་ཆེ། བདག་གི་མཁན་རིན་པོ་ཆེ་བཀའ་དྲིན་ཟླ་མེད་གླིང་བའི་ཆེན་རྡོ་རྗེ་འཆང་། འབྲས་དགེ་དགེ་འདུན་བཀྲ་ཤིས་སོགས་རིས་མེད་དམ་པ་དུ་མའི་དྲུང་ནས་མདོ་རྒྱུད་རྒྱ་མཚོའི་བདུད་རྩི་ཐོབ་མེད་བཞེས་ཏེ་ཐུགས་ཀྱི་བུམ་བཟང་གང་བ། ལྷག་པར་དིལ་མགོ་མཁྱེན་བརྩེ་རིན་པོ་ཆེ་རྡོ་རྗེ་འཆང་འགྱུར་མེད་ཐེག་མཆོག་བསྟན་པའི་རྒྱལ་མཚན་གང་གི་གདུང་འཛིན། རྫ་སྤྲུལ་བསྟན་པའི་མཛེས་རྒྱན་གསུམ་ལྡན་རྡོ་རྗེ་འཛིན་པ་རྫ་རོང་འཁྲུལ་ཞིག་ཤབ་སྤྲུལ་ངག་དབང་ཆོས་ཀྱི་བློ་གྲོས་རིན་པོ་ཆེའི་ཞལ་སྔ་ནས་དགུང་གྲངས་དོན་བརྒྱུད་དུ་ཡེབས་ཉེར་བཞེད། བཙན་བཞུགས་གསོལ་འདེབས་རྒྱུན་འདོན་བྱ་རྒྱུ་ཞིག་འབྲི་དགོས་ཞེས་གང་གི་སྐུ་ཚབ་ཞལ་སློབ་དགེ་སློང་དང་དབང་ཆོས་འཕེལ་རྒྱ་མཚོས་བཅས་བསྐུལ་བ་དང་། དོན་གཉེར་ཅན་གཞན་འགས་ཀྱང་རེ་སྐུལ་བྱུང་བ་མ་ཟད། ངོས་རང་ཡང་ཟབ་པའི་དབང་དང་ཁྲིད་ལུང་གདམས་པ་རྗེ་སྙེག་ཆིག་སྩལ་ཐོབ་བཀའ་དྲིན་དྲན་པའི་དད་སྤྲོ་ཆེས་ཕོ་དངས་ཏེ། གུས་སློབ་ཤཱཀྱའི་དགེ་སློང་བསྟན་འཛིན་རྒྱ་མཚོས། རབ་བྱུང་བཅུ་བདུན་པའི་ལྕགས་སྦྲུལ་ཟླ ༡ ཚེས ༡ ཕྱི་ལོ ༢༠༠༡ ཟླ ༢ ཚེས ༢༤ ཉིན་བྲིས་པ། སྨོན་དོན་ཡི་བཞིན་འགྲུབ་པའི་རྒྱུར་གྱུར་ཅིག །།

The vajradhara who upholds the three vows, Dzarong Trulshik Shaptrul Ngawang Chökyi Lodrö Rinpoche, enthusiastically drank from the nectar of the ocean-like sutras and tantras before many masters from all traditions including venerable holders of the Ngagyur Nyingma teachings, such as Dzatrul Ngawang Tendzin Norbu, Minling Chung Rinpoche, and Dudjom Rinpoche, as well as teachers of the Gelug tradition such as the former Ganden Tri Chetsang Lhundrup Tsöndru Rinpoche, my precious preceptor of incomparable kindness the great Ling Trichen Dorje Chang, Drege Gendun Tashi, and so on, until the excellent vase of his mind was filled to the brim. In particular, he was appointed the successor of, the great vajradhara Dilgo Khyentse Rinpoche, Gyurme Tekchok Tenpay Gyaltsen.

When he said that he was approaching the age of seventy-eight and his nephew and close disciple Gelong Ngawang Chöpel Gyatso made a request with the support of some offerings for something to be written that could be recited during the ceremonies for long life, as other enthusiastic disciples made similar requests, and I myself was inspired by faith and joy as I remembered his kindness in granting me so many profound empowerments, explanations, transmissions, and instructions, the respectful student and Buddhist monk Tenzin Gyatso wrote this on the first day of the first month of the Iron Snake year of the 17th calendrical cycle (24th February 2001). May it be the cause for these aspirations being accomplished!

A Long Life Prayer for the Kagyu Gurus

oṃ svasti
OṂ SVASTI

she jay kha la khyen rap kyil khor gye
Your orb of wisdom fills the space of all that is knowable;

gyal way ten pa kün ne sal dze pa
Clearly illuminating all the Buddha's teachings.

na ro mai tri le gyü shang pa dang
Descendents of Naro and Maitripa, the Shangpa,

re chung pa dang den sa ka gyü sok
Of Rechungpa, the Densa Kagyus, and other great beings

kye rim nal jor lhen chik kye ma dang
With mastery over creation of the co-emergent yoga

gyal kün trin le dak nyi kar ma pa
The Karmapas embody the activity of all buddhas.

dze pay ö tong dul jay ling la pok
Your thousand rays of deeds strike the ground, disciples,

ka gyu rin po che nam shap ten söl
Precious Kagyu gurus, I pray that you live long.

dra gyur mar pa tuk se ka chen shi
Of Marpa the Translator's close sons—the four great pillars—

ten dzin kye chok nam kyi shap ten söl
Who uphold the teachings: I pray that you live long.

dzok rim lung sem nyi me rang wang jor
And completion of indivisible mind and wind,

trul pay gyü dzin chen poy shap ten söl
Great holder of the line of incarnations, I pray that you live long.

A Long Life Prayer for the Kagyu Gurus

de tong chak chen se po ne du nün
Striking the vital points of bliss and emptiness, mahamudra, mixing, and phowa,

la may shap tok pul chin ba rom pa
The Barompas have perfected service to the lamas.

sung rap ma lü gong pa chik tu dril
The meaning of all scriptures coalesced into one,

dom tsön dren da dral wa dri kung pa
The Drikungpas are unrivalled in holding their vows.

ngo tsar me jung nam tar so gü gyen
Adorned with the wondrous, amazing thirty-nine life stories,

mö gü tar tuk pal den tak lung pa
The Taklungpas have reached the ultimate through their devotion.

chi nang ten drel kün gyi dön la khe
You are wise in outer and inner interdependence,

gang jong drup pay tsang chen yar nga pa
The Drukpas are the great nest of the Snow Land's siddhas.

ne luk chak chen sep lam ngön du gyur
And manifesting mahamudra of the nature, the secret path,

ten dzin kye chok gang dey shap ten söl
All great beings who uphold this lineage, I pray that you live long.

nga den men ngak sap moy tuk gyü tam
Your wisdom mind is filled with the profound fivefold instructions.

kyap gön nyi da nyi kyi shap ten söl
Sun and Moon Kyabgon: I pray you both live long.

nor bu shi kor chö kyi che way ji
Majestic with the great dharma of the four jewels,

shap drung rin po che yi shap ten söl
Shapdrung Rinpoche, I pray that you live long.

pung sok chö nam yer me ro chik nyom
And know the aggregates and all dharmas are indivisibly of one taste.

gyal wang druk pa chen poy shap ten söl
Gyalwang Drukchen, I pray that you live long.

གཞན་ཡང་ཕག་གྲུ་ཚལ་པ་ཁྲོ་ཕུ་དང་།
shen yang pak dru tsal pa tro pu dang
Additionally, the Pakdru, Tsalpa, and Tropu Kagyu,

བྱིན་རླབས་འབྱུང་གནས་གདམས་ངག་རྒྱ་མཚོའི་མཛོད།
jin lap jung ne dam ngak gya tsoy dzö
The sources of blessings and treasuries of instructions:

དཔལ་ལྡན་བླ་མའི་ཞབས་པད་བརྟན་པ་དང་།
pal den la may shap pe ten pa dang
May the glorious lamas live long;

བདག་གཞན་མ་ལུས་ཚོགས་བསགས་སྒྲིབ་སྦྱངས་ནས།
dak shen ma lü tsok sak drip jang ne
Gathering merit and wisdom and purifying obscurations,

མར་ཡེལ་ཤུག་གསེབ་བཀའ་བརྒྱུད་ལ་སོགས་པ།
mar yel shuk sep ka gyü la sok pa
The Mar, Yelpa, and Shugsep Kagyu, and others:

བརྒྱུད་འཛིན་རིན་ཆེན་རྣམས་ཀྱི་ཞབས་བརྟན་གསོལ།
gyu dzin rin chen nam kyi shap ten söl
I pray the precious beings who uphold these lineages live long.

མཁའ་མཉམ་ཡོངས་ལ་བདེ་སྐྱིད་འབྱུང་བ་དང་།
kha nyam yong la de kyi jung wa dang
May all beings who fill space be happy.

མྱུར་དུ་སངས་རྒྱས་ས་ལ་འགོད་པར་ཤོག
nyur du sang gye sa la gö par shok
May we and all others quickly reach buddahood.

It is truly disheartening that nowadays in Lord Marpa's practice lineage, the Dakpo Kagyu, one hears about just a few of the lines of teachings and the beings who uphold them, but not of the others. However, whether their followers act well or badly, the teaching, practice, and activity of these living Kagyu masters is truly encouraging, and this gives me irreversible faith in these lineages. In addition, the chant master of the monastic seat of Rumtek, Öser Rabten, asked me to compose these long-life prayers for recitation at the Kagyu Monlam. Although I do not know about such things, I could not turn him down, so I have put whatever I have heard and learned into these simple verses.

In general, these lamas who have unsurpassable qualities cannot be definitively ranked as higher and lower, as more or less significant, etc. Occasionally some students, whose devotion is predominantly attachment, have even been known to needlessly turn buddhas into ordinary people. In this case, I have arranged the verses in the order given in Je Pengar's Short Vajradhara Lineage Prayer. *If that still causes you some unease, then just as in the saying, since monks have power when it comes to the dharma, recite these in whatever order you wish. This was composed on the thirteenth day of the Nakpa month of the Female Fire Pig year (April 30, 2007) by the Karmapa Ogyen Trinley Dorje at Gyuto Monastery in Dharamsala. Virtue!*

A Long Life Prayer for the Seven Masters and Disciples of the Karma Kamtsang

oṃ svasti
OṂ SVASTI

shen pen nam röl pe ma jung ne dang
Embodiment of all lords of the tenth stage,

sa chuy wang chuk chik tu dü pay ku
Saraha, Luyi Jangchub, and others:

gar wang dor je chang gi gyu trül le
Lord of Dance, magic display of Vajradhara,

ten pay khur chen dek la nga nye pa
Of the glorious Karmapa, who is Lokeshvara.

jam pa gön dang dom bhi he ru kay
Combining the compassionate blessings and power

kha nyam dro la lam sang tön dze pay
You teach the true path to beings throughout space.

pal den rik kün khyap dak dor je chang
Glorious Vajradhara, lord of all families, magic display

sa ra ha dang lu yi jang chup sok
Shenpen Namrol, Padmasambhava,

kar ma pa she drak dey shap ten söl
Renowned Karmapa, I pray that you live long.

jik ten wang chuk pal den kar ma pay
You bear the great burden of the teachings

sha mar chö pen dzin pay shap ten söl
Holder of the Shamar red crown, I pray that you live long.

tuk jey jin top gong bur khyil way ku
Of the protector Maitreya and Dombhi Heruka,

ken ting ta yi si tuy shap ten söl
Kenting Tai Situ, I pray that you live long.

gu ruy gyal tsap tsung me be ro jey
Of Guru Rinpoche's peerless regent Vairochana,

25

nam trul dzam ling ten pay drön me chok
Great torch of the doctrine in Jambudvipa:

kün sang ye she tuk jey trul gyur gyi
Emanations of Samantabhadra's wisdom

tap khe sap moy chö kyi nga dak chok
Skillful lord of profound dharma, holy Gyaltsap,

rap jam drup pay ye she dü tsi ni
Vast ocean of blessing, you hold

rik druk duk ngel drung ne jin che pa
You eradicate the sufferings of the six states.

tse pak me ngö gang dül tap sap moy
Truly Amitayus, through profound means
   of taming

tar pay lam sang tse mor gö khe pa
Skillfully bringing us to the end of the path
   to liberation.

de tar nying poy ten pa rin po che
Through the power of praying with faith
   and devotion

de ching gü pay söl wa tap pay tü
The precious essence of the teachings,

jam gön la ma kal gyar shap ten söl
Jamgön Rinpoche, I pray that you live for
   a hundred kalpas.

chok chuy shing kham mik me tuk je yi
Fill all realms with non-conceptual compassion.

gyal way gyal tsap dam pay shap ten söl
Regent of the buddhas, I pray that you live long.

chik tu dü pay jin lap gya tso che
The wisdom amrita of countless siddhas.

pa woy wang chuk chok gi shap ten söl
Great Pawo, lord of heroes, I pray that you live
   long.

dro lo nyok pay mün pa kün tu chil
You remove all the obscurity that sullies beings'
   minds,

nam dren tre ho chok gi shap ten söl
Great guide Treho, I pray that you live long.

dzin kyong pel way che po chok nam la
To the great beings who hold, guard, and spread

kha nyam dro kün dzok sang gye top shok
May all beings throughout space achieve perfect
   buddhahood.

A Long Life Prayer for the Seven Masters and Disciples of Karma Kamtsang

དེ་ལྟར་ཡབ་སྲས་རིམ་བྱོན་སྟྱིར་སྒྲུབ་ལམ་མི་འདའ་བར་བཞུགས་པར་གསོལ་བའི་ཚིགས་སུ་བཅད་པ་འདི་དག་རྒྱལ་བའི་དབང་པོ་བཅུ་གསུམ་པས་མཛད་པའི་གསོལ་འདེབས་སོར་བཞག་ལ། འཇམ་མགོན་བླ་མའི་གསོལ་འདེབས་རྗེ་བཙུ་ལྔ་པས་མཛད་པ་གསར་སྦྱོར་དང་བཅས། ཞབས་བརྟན་དུ་ཞལ་བསྒྱུར་བ་ཙམ་ལས་དུས་དབང་གིས་རང་ཙམ་བྱེད་པར་གྱིགས་དགོས་ཆེ་བས་བདད་སྨོན་ཀྱི་གནས་སུ་བདག་གིས་ལགས། གནས་རྗེ་བཙུན་གོང་མ་རྣམས་ཀྱི་བདེན་ཚིག་གྲུབ་པའི་གསུང་དང་རང་ངོས་ནས་དང་ཞེན་མ་ནོར་ཙམ་ཡོད་པའི་སྟོབས་དེས་རྒྱལ་མཆོག་ཡབ་སྲས་རྣམས་སྐྱེ་སྟོན་སྨོན་ལམ་དང་དགེ་ཚོགས་མཐུན་པར་སྒྲུབ་དེ། ཞིང་འདིར་རྡོ་རྗེའི་དཔོན་སློབ་ཀྱི་ཕྲུགས་ཀྱིས་ཕྱགས་ནད་གཏང་མཚོན་པའི་ཕྲིན་ལས་རྗེ་ལྟར་བཞེད་པ་མཐའ་དག་གེགས་མེད་དུ་གྲུབ་པས་འཚོ་ཞིང་གཞེས་ནས། བདག་སོགས་གདུལ་བྱ་རྣམས་དད་པ་དང་དག་པའི་སྣང་བ་སྟོན་ལ་བཀོད་པའི་བཀའ་དྲིན་མཛད་པར་གསོལ་བའི་སྨོན་འདུན་ཤུགས་དྲག་བཅས། ཀརྨ་པར་འབོད་པ་ཨོ་རྒྱན་ཕྲིན་ལས་པས། རབ་བྱུང་བཅུ་བདུན་པའི་མགོ་ཟླ་བའི་ཚེས ༣ ཞིབས་ལོ་ ༢༥༤༩ ཕྱི་ལོ་ ༢༠༠༥ ཟླ་ ༡༢ ཚེས་ ༤ ཉིན་ར་མོ་ཆེའི་རྒྱུད་པ་གྲྭ་ཚང་དུ་སྦྱར་བ་དགེ། །

These verses of prayer that the masters and disciples live long without passing into nirvana are based on a prayer written by the Thirteenth Gyalwang Karmapa. I added to it words from the Fifteenth Lord Karmapa's supplication to Jamgön Rinpoche. Other than transforming those into a long-life prayer, I felt it necessary to refrain from original composition because of the impediments present at this time. Through the power of the true words of our holy predecessors, who accomplished infallible speech; and through the power of my unmistaken faith and devotion, may all the supreme victors, the masters and disciples, behave in accordance with the aspirations they made in previous lives and the roots of virtue they accumulated then. May whatever pure activity they engage in as vajra masters and disciples in this realm be accomplished without impediment. May they live long and well. May they kindly inspire us, their disciples, to faith and pure perception.

With this fervent prayer of aspiration, I, Ogyen Trinley, called "Karmapa", composed this at the Tantric University of Ramoche on the third day of the month "Go" in the Buddhist year 2549 in the seventeenth cycle, the fourth day of December in the common year 2005. Virtue!

Sutras
of the
Bhagavan Akshobhya

The Dharani that Thoroughly Purifies all Karmic Obscurations

ལས་ཀྱི་སྒྲིབ་པ་ཐམས་ཅད་རྣམ་པར་སྦྱོང་བ་ཞེས་བྱ་བའི་གཟུངས།

རྒྱ་གར་སྐད་དུ། ཨཱརྱ་སརྦ་ཀརྨཱ་ཝ་ར་ཎ་བི་ཤོ་དྷ་ན་ནཱ་མ་དྷཱ་ར་ཎཱི།
gya gar ke du   arya sarva karmāvaraṇa viśodhana nāma dhāraṇī
In Sanskrit: *Āryasarvakarmāvaraṇaviśodhananāmadhāraṇī*

བོད་སྐད་དུ། འཕགས་པ་ལས་ཀྱི་སྒྲིབ་པ་ཐམས་ཅད་རྣམ་པར་སྦྱོང་བ་ཞེས་བྱ་བའི་གཟུངས།
bö ke du   pak pa le kyi drip pa tam che nam par jong wa she ja way sung
In Tibetan: *'Phags pa las kyi sgrib pa thams cad rnam par sbyong ba zhes bya ba'i gzungs*

བཅོམ་ལྡན་འདས་མི་འཁྲུགས་པ་ལ་ཕྱག་འཚལ་ལོ། །
chom den de mi truk pa la chak tsal lo
I prostrate to the Bhagavan Akshobhya.

ན་མོ་རཏྣ་ཏྲ་ཡཱ་ཡ། ཨོཾ་ཀཾ་ཀ་ནི་ཀཾ་ཀ་ནི། རོ་ཙ་ནི་རོ་ཙ་ནི། ཏྲོ་ཊ་ནི་ཏྲོ་ཊ་ནི།
namo ratna trayāya oṃ kaṃkani kaṃkani rochani rochani troṭani troṭani
NAMO RATNA TRAYĀYA OṂ KAṂKANI KAṂKANI ROCHANI ROCHANI TROṬANI TROṬANI

ཏྲཱ་ས་ནི་ཏྲཱ་ས་ནི། པྲ་ཏི་ཧ་ན་པྲ་ཏི་ཧ་ན། སརྦ་ཀརྨ་པ་རཾ་པ་ར་ཎི་མེ་སྭཱ་ཧཱ།
trāsani trāsani pratihana pratihana sarva karma paramparāṇi me svāhā
TRĀSANI TRĀSANI PRATIHANA PRATIHANA SARVA KARMA PARAMPARĀṆI ME SVĀHĀ

གཟུངས་སྔགས་འདིའི་ཆོ་ག་ནི་འདི་ཡིན་ཏེ། རྟག་ཏུ་བཟླས་བརྗོད་བྱས་ན་ལས་གཅིག་ནས་གཅིག་ཏུ་བརྒྱུད་པ་
sung ngak di yi cho ga ni di yin te   tak tu de jö che na le chik ne chig tu gyü pa
This is the ritual of that dharani mantra: If you recite it continually, all the karma flowing from

ཐམས་ཅད་རྣམ་པར་དག་པར་འགྱུར་རོ། །དུས་གསུམ་དུ་བཟླས་བརྗོད་བྱས་ན་མཚམས་མེད་པ་ལྔ་ཡང་
tam che nam par dak par gyur ro   dü sum du de jö che na tsam me pa nga yang
lifetime to lifetime will be purified. If you recite it three times daily, even the karma of the five

བྱང་བར་འགྱུར་རོ། །ལན་ཅིག་བཟླས་བརྗོད་བྱས་ན་ལྟས་ངན་པ་དང་། རྨི་ལམ་ངན་པ་དང་བཀྲ་
jang war gyur ro   len chik de jö che na te ngen pa dang   mi lam ngen pa dang tra
heinous deeds will be cleared away. If you recite it once, bad signs, bad dreams, and

31

མི་ཤིས་པ་རྣམས་མེད་པར་འགྱུར་རོ། །ལུས་ལ་འཆང་ངམ་གླེགས་བམ་ལ་བྲིས་ནས་མགུལ་དུ་ཐོགས་ཏེ་

mi shi pa nam me par gyur ro   lü la chang ngam lek bam la dri ne gül du tok te

inauspiciousness will be eliminated. If you keep it on your person or write it on a scroll and wear

འཆང་ན་དེ་ལ་དུས་མ་ཡིན་པར་འཆི་བ་རྣམས་གཏན་དུ་འབྱུང་བར་མི་འགྱུར་རོ། །གང་ཞིག་

chang na de la dü ma yin par chi wa nam ten du jung war mi gyur ro   gang shig

it around your neck, untimely death will not occur at all. If someone is filled with compassion and

སྙིང་རྗེས་ནོན་ཏེ་རི་དྭགས་དང་བྱ་དང་མི་དང་མི་མ་ཡིན་པ་རྣམས་ཀྱང་རུང་སྟེ།

nying je nön te ri dak dang ja dang mi dang mi ma yin pa nam kyang rung te

recites it within the hearing of a wild animal, bird, human being, or asura while they are dying,

འཆི་བའི་རྣ་ཁུང་དུ་བརྗོད་ན་དེ་ངན་སོང་དུ་འགྲོ་བར་མི་འགྱུར་རོ། །ཡང་ན་ཤི་སྟེ་དུས་

chi way na khung du jö na de ngen song du dro war mi gyur ro   yang na shi te dü

that being will not be reborn in the lower realms. Or, when someone has died, if you utter the

ལས་འདས་ན་ཤི་འཕོས་པའི་མིང་ནས་སྨོས་ཏེ་དེའི་ཕྱིར་བྱམས་པ་དང་སྙིང་རྗེས་ལན་བརྒྱའམ་སྟོང་

le de na shi pö pay ming ne mö te dey chir jam pa dang nying je len gya'am tong

name of the deceased and recite the dharani for them with love and compassion one hundred,

ངམ་འབུམ་བརྗོད་ན་སེམས་ཅན་དེ་སེམས་ཅན་དམྱལ་བར་སྐྱེས་སུ་ཟིན་ཀྱང་དེའི་མོད་ལ་ཐར་

ngam bum jö na sem chen de sem chen nyal war kye su sin kyang dey mö la tar

one thousand or one hundred thousand times, that sentient being will instantaneously be

བར་འགྱུར་རོ། །

war gyur ro

liberated, even if they had taken rebirth in hell.

ས་འམ་ཏིལ་ལམ་ཡུངས་ཀར་རམ་ཆུ་གང་ཡང་རུང་བ་ལ་བཟླས་བརྗོད་བྱས་ཏེ་ཤི་བའི་ལུས་ལ་གཏོར་

sa'am til lam yung kar ram chu gang yang rung wa la de jö je te shi way lü la tor

If you recite it over earth, sesame seeds, mustard seeds, or water, and either sprinkle that on the

རམ། ཁྲུས་བྱས་ནས་དེའི་འོག་ཏུ་བསྲེག་པའམ། ཡང་ན་མཆོད་རྟེན་གྱི་ནང་དུ་བཅུག་སྟེ་བཞག་ལ།

ram   trü je ne dey ok tu sek pa'am   yang na chö ten gyi nang du chuk te shak la

body of the deceased, or wash them and then burn it under them, or place it inside a stupa, and

རིག་སྔགས་ཀྱང་བྲིས་ཏེ་མགོ་བོ་ལ་བཏགས་ན་དེ་ངན་སོང་དུ་སྐྱེས་པ་ཡང་ཞག་བདུན་གྱིས་

rik ngak kyang dri te go wo la tak na de ngen song du kye pa yang shak dün gyi

you also write the vidya mantra and affix it to their head, then even if they are born in the lower

གདོན་མི་ཟ་བར་ཐར་ཏེ་བདེ་འགྲོ་མཐོ་རིས་ཀྱི་འཇིག་རྟེན་དུ་སྐྱེ་བར་འགྱུར་བའམ། ཡང་ན་རང་གི

dön mi sa war tar te de dro to ri kyi jik ten du kye war gyur wa'am   yang na rang gi

realms, within seven days they will definitely be liberated and reborn in a higher rebirth or

གི་སྨོན་ལམ་གྱི་དབང་གིས་སྐྱེ་བར་འགྱུར་རོ། །

mön lam gyi wang gi kye war gyur ro

according to their own aspirations.

གང་ཞིག་ཟླ་བ་ཉ་བའི་ཚེ་ཁྲུས་བྱས་ལ་གཙང་མར་བྱས་ཏེ་དུས་གསུམ་དུ་གོས་བརྗེ་ཞིང་ཁ

gang shik da wa nya way tse trü che la tsang mar je te dü sum du gö je shing kha

If, on the full moon, someone bathes and cleans, changes their clothes three times daily, either fasts

ཟས་མི་ཟ་བའམ་ཡང་ན་ཟས་དཀར་བག་བཟན་ཞིང་སྐུ་གདུང་དང་ལྡན་པའི་མཆོད་རྟེན་སྐོར་བཞིན

se mi sa wa'am yang na se kar bak sa shing ku dung dang den pay chö ten kor shin

or eats just a small amount of vegetarian food, and recites it a hundred thousand times while

དུ་གང་གི་མིང་དང་ལྡན་པས་ལན་འབུམ་བརྗོད་བྱས་ན་དེ་ངན་སོང་ནས་ཐར་ཏེ་གཙང་

du gang gi ming dang den pe len bum de jö che na de ngen song ne tar te ne tsang

circumambulating a stupa that contains body relics, then that person whose name they have with

མའི་ལྷའི་རིས་སུ་སྐྱེས་ནས་སྒྲུབ་པ་པོའི་བར་དུ་འོང་སྟེ་མཆོད་པ་བྱེད་ཅིང་ལུས་ཀྱང་སྟོན་ལ་ལེགས

may lhay ri su kye ne drup pa poy te du ong te chö pa che ching lü kyang tön la lek

them will be freed from the lower realms and take rebirth in a pure deva realm. That person will

སོ། ཞེས་བྱ་བ་ཡང་བྱིན་ནས་ལན་གསུམ་བསྐོར་བ་བྱས་ཏེ་མི་སྣང་བར་འགྱུར་རོ། །དེའི་མིང་བྲིས

so   she ja wa yang jin ne len sum kor wa je te mi nang war gyur ro   dey ming dri

then come directly to the practitioner, make offerings and appear physically. They will say, "Well

ལ་གཟུངས་སྔགས་བརྗོད་བྱེད་ཅིང་མཆོད་རྟེན་འབུམ་བྱས་ལ་གདུགས་དང་། རྒྱལ་མཚན་དང་།

la sung ngak de jö che ching chö ten bum je la duk dang   gyal tsen dang

done," circumambulate three times, and disappear. If you write their name, recite the dharani

བ་དན་ལ་སོགས་པས་ལེགས་པར་མཆོད་ནས་རྒྱ་མཚོ་ཆེན་པོ་དང་། ཡང་ན་ཆུ་ལུང་དུ་བཏང

ba den la sok pe lek par chö ne gya tso chen po dang   yang na chu lung du tang

mantra and make a hundred thousand stupas, and offer parasols, victory banners, pendants, and so

ན་དེས་སེམས་ཅན་དམྱལ་བ་ལ་སོགས་པ་ནས་ཐར་བར་འགྱུར་རོ། །ཡང་ན་དེ་ལྟར་མཆོད་པ་བྱས

na de sem chen nyal wa la sok pa ne tar war gyur ro   yang na de tar chö pa che

on to the stupas and then cast them into the ocean or a river, through that, that person will be

ནས་མཛུག་ཏུ་ལམ་གྱི་བཞི་མདོར་མཆོད་རྟེན་ཆེན་པོ་བྱས་ཏེ། གདུགས་དང་། རྒྱལ་མཚན་དང་།
ne juk tu lam gyi shi dor chö ten chen po che te   duk dang   gyal tsen dang
freed from the hells or other such realms. Or, if you make offerings in that way and then

བ་དན་ལ་སོགས་པས་ལེགས་པར་མཆོད་ལ་འཕགས་པའི་དགེ་འདུན་ལ་ཡང་མཆོད་རྟེན་གསོལ་ནས་ཡོན་
ba den la sok pe leg par chö la pak pay gen dün la yang chö ten söl ne yön
afterwards erect a large stupa at a crossroads, venerate it well with parasols, victory banners,

ཡང་ཕུལ་ཏེ་ལེགས་པར་མཆོད་ནས་འདི་ཆེ་གེ་མོ་ཞིག་གི་དགེ་བའི་རྩ་བར་གྱུར་ཅིག །འདི་ཁོ་ནས་
yang pül te lek par chö ne di che ge mo shik gi ge way tsa war gyur chik   di kho ne
pendants, and so on, offer that stupa to the noble sangha and also make donations, and then

བདེ་འགྲོ་མཐོ་རིས་ཀྱི་འཇིག་རྟེན་དུ་སྐྱེ་བར་གྱུར་ཅིག ཅེས་ཀྱང་ཤེས་པར་བྱས་ན་དེ་ཁོ་ན་བཞིན་
de dro to ri kyi jik ten du kye war gyur chik che kyang she par che na de kho na shin
declare, "May this become so-and-so's root of virtue. May this very person be born in the higher

དུ་སྐྱེས་ནས་ལུས་ཀྱང་སྟོན་ཅིང་ལེགས་སོ་ཞེས་བྱ་བ་ཡང་བྱིན་ནས་མི་སྣང་བར་འགྱུར་རོ། །
du kye ne lü kyang tön ching lek so she ja wa yang jin ne mi nang war gyur ro
realms," they will be born in that very way, appear physically, say, "Well done," and then disappear.

མཚམས་མེད་པ་ལྔ་བྱེད་པའམ། དམ་པའི་ཆོས་སྤོང་བའམ། འཕགས་པ་ལ་སྐུར་བ་བཏབ་པ་
tsam me pa nga che pa'am   dam pay chö pong wa'am   pak pa la kur wa tap pa
If someone who has committed the five heinous deeds, rejected the true Dharma, or disparaged a

ཡང་རུང་སྟེ་འཆི་ཀར་རྩིག་པ་ལ་གཟུངས་སྔགས་འདི་བྲིས་པ་མཐོང་ན། དེའི་ལས་ཀྱི་སྒྲིབ་པ་ཐམས་
yang rung te chi kar tsik pa la sung ngak di dri pa tong na   dey le kyi drip pa tam
noble being sees this dharani mantra written on a wall as they are dying, all their karmic

ཅད་ཟད་པར་འགྱུར་ན། འདོན་པ་དང་བརྗོད་བྱེད་པ་ལྟ་ཅི་སྨོས་ཏེ། དེ་བཞིན་གཤེགས་པ་དེ་ཉིད་
che se par gyur na   dön pa dang de jö che pa ta chi mö te   de shin shek pa de ni
obscurations will be extinguished. Thus there is no need to mention their uttering or reciting it—

བྱོན་ནས་འདི་སྐད་དུ་རིགས་ཀྱི་བུ་ཚུར་ངའི་གན་དུ་ཤོག་ཅེས་ཀྱང་གསུང་བར་འགྱུར་རོ། །
jön ne di ke du rik kyi bu tsur ngay gen du shok che kyang sung war gyur ro
The Tathagata himself will arrive and say, "Child of good family, come here to me."

འཕགས་པ་ལས་ཀྱི་སྒྲིབ་པ་ཐམས་ཅད་རྣམ་པར་སྦྱོང་བ་ཞེས་བྱ་བའི་གཟུངས་རྫོགས་སོ། །
pak pa le kyi drip pa tam che nam par jong wa she ja way sung dzok so
This completes *The Dharani that Thoroughly Purifies all Karmic Obscurations.*

The Sutra of the Dharani that Thoroughly Liberates from All Suffering and Obscurations

gya nak ke du pa chi khu'u nan tuo luo nyi ching
In Chinese: *Pa chi khu'u nan tuo luo nyi ching*

bö ke du duk ngel dang drip pa tam che le nam par dröl way sung kyi do
In Tibetan: *sDug bsngal dang sgrib pa thams cad las rnam par dgrol ba'i gzungs kyi mdo*

chom den de gön po mi truk pa la chak tsel lo
I prostrate to the Bhagavan Buddha, Protector Akshobhya.

di ke dak gi tö pa dü chik na chom den de nyen yö na gyal bu kyel che kyi tsel
Thus have I heard. At one time, the Bhagavan was dwelling in Shravasti, in Jetavana Grove,

gön me se jin gyi kün ga ra wa na nyen tö dang jang chup sem pa sem pa
the park of Anathapindada, together with countless hearer disciples and bodhisattva mahasattvas,

chen po drang me pa dak dang tap chik tu shuk te lha dang mi dang lha ma yin
and also surrounded by an immeasurable, great assembly of devas, humans, asuras, and so on.

sok kyi dü pa chen po tse me pe kyang yong su kor wa o
At that time, amidst those assembled was the bodhisattva named Ornament of Inexpressible

dey tse dü pa de dak gi ü na jang chup sem pa jö du me pay yön ten gyi gyen she
Qualities, who arose from his seat and prostrated with his head at the feet of the Bhagavan.

བྱ་བ་ཞིག་མཆིས་པ་དེ་སྟེན་ལས་ལངས་ཏེ་བཅོམ་ལྡན་འདས་ཀྱི་ཞབས་ལ་མགོ་བོས་ཕྱག་བཙལ་ཏེ།

ja wa shik chi pa de ten le lang te chom den de kyi shap la go wö chak tsel te

With palms together and with respect, he said to the Bhagavan,

ཐལ་མོ་སྦྱར་ཏེ་བཀུར་སྟི་དང་བཅས་པས་བཅོམ་ལྡན་འདས་ལ་འདི་སྐད་ཅེས་གསོལ་ཏོ། །

tel mo jar te kur ti dang che pe chom den de la di ke che söl to

"Bhagavan, at present in this world system boundless sentient beings are engaging

བཅོམ་ལྡན་འདས། དེང་འདིར་འཇིག་རྟེན་གྱི་ཁམས་སུ་སེམས་ཅན་ཚད་མེད་པ་དག་ཉོན་མོངས་

chom den de deng dir jik ten gyi kham su sem chen tse me pa dak nyön mong

in various sorts of wrongdoing under the influence of the causes and conditions of kleshas,

པའི་རྒྱུ་དང་རྐྱེན་གྱི་དབང་གིས་སྡིག་པའི་ལས་སྣ་ཚོགས་པ་མངོན་པར་འདུ་བྱེད་པས།

pay gyu dang kyen gyi wang gi dik pay le na tsok pa ngön par du che pe

and thus will fall into hell, preta, or animal realms, or else will experience

སེམས་ཅན་དམྱལ་བ་དང་། ཡི་དགས་དང་། བྱོལ་སོང་རྣམས་སུ་ལྷུང་བར་འགྱུར་བའམ།

sem chen nyel wa dang   yi dak dang   jöl song nam su lhung war gyur wa'am

the various severe forms of suffering of deva and human rebirths.

ཡང་ན་ལྷ་དང་མིའི་འགྲོ་བ་དག་ཏུ་སྡུག་བསྔལ་དོས་དྲག་པ་སྣ་ཚོགས་པ་མྱོང་བར་

yang na lha dang miyi dro wa dak tu duk ngel dö drak pa na tsok pa nyong war

I request you to teach a method to thoroughly liberate them, out of compassion and affection."

འགྱུར་བ་ལ་ཐུགས་བརྩེ་བས་རྣམ་པར་དགྲོལ་བའི་ཐབས་བསྟན་པར་མཛད་དུ་གསོལ། དེ་སྐད་ཅེས་གསོལ་པ་

gyur wa la tuk tse way nam par dröl way tap ten par dze du söl   de ke che söl pa

He said this, and the Bhagavan replied, "Child of noble family, excellent.

དང་། བཅོམ་ལྡན་འདས་ཀྱིས་བཀའ་སྩལ་པ། རིགས་ཀྱི་བུ། ལེགས་སོ། ལེགས་སོ། །

dang chom den de kyi ka tsel pa   rik kyi bu   lek so   lek so

Excellent. It is excellent that you have made such a request,

ཁྱོད་ཀྱིས་སེམས་ཅན་ཐམས་ཅད་ལ་སྙིང་བརྩེ་བས་དེ་ལྟར་གསོལ་བ་བཏབ་པ་ལེགས་སོ། །

khyö kyi sem chen tam che la nying tse way de tar söl wa tap pa lek so

out of compassion and affection for sentient beings.

དོན་དེའི་ཕྱིར་དེང་ཁྱོད་ལ་སྡུག་བསྔལ་ཐམས་ཅད་ལས་རྣམ་པར་དགྲོལ་བའི་ཐབས་བསྡུས་པ་ངེ་

dön dey chir deng khyö la duk ngel tam che le nam par dröl way tap dü pa nge

To that end, I will now teach you a method that thoroughly liberates from all suffering, therefore

she kyi nyön chik yang dak par nyön chik
listen. Listen well. Child of noble family,

rik kyi bu yang dak par dzok pay sang gye chom den de mi truk pa she ja way
because the complete and perfect buddha named Bhagavan Akshobhya

sem chen tam che la pen pa dang de way dön tsel way na sung ngak di sung
seeks benefit and happiness for all sentient beings, he uttered this dharani mantra, and had those

shing dü pa nam la de jö du gyi par nang ngo
assembled recite it.

ngak ni di ke do
The mantra is spoken thus:

kaṃkani kaṃkani rochani rochani troṭani troṭani trāsani trāsani
KAṂKANI KAṂKANI ROCHANI ROCHANI TROṬANI TROṬANI TRĀSANI TRĀSANI

pratihana pratihana sarva karma paramparāṇi me svāhā
PRATIHANA PRATIHANA SARVA KARMA PARAMPARĀṆI ME SVĀHĀ

rik kyi bu'am rik kyi bu mo gang la la shik gi de shin shek pa yang dak par dzok
Any son or daughter of noble family who without pretense or guile pays homage

pay sang gye mi truk pa la yo dang gyu ma chi par chak che te sung di chang wa
to the tathagata, the complete and perfect buddha Akshobhya, and upholds and memorizes

dang dzin par che na ngön che pay tsam me pay le nga po dak gam
this dharani will perfectly pacify all the wrongs they have previously done,

ཙ་བ་བཞི་འམ། མི་དགེ་བ་བཅུ་འམ། འཕགས་པའི་ཚོགས་ལ་སྐུར་བ་བཏབ་པའམ། དམ་པའི
tsa wa shi'am   mi ge wa chu'am   pak pay tsok la kur wa tap pa'am   dam pay
including the five heinous deeds, the four root downfalls, the ten non-virtues,

ཆོས་ལ་སྐུར་བ་བཏབ་པའི་ཉེས་པ་དང་བཅས་པ་ཐམས་ཅད་རབ་ཏུ་ཞི་བར་འགྱུར་རོ། །
chö la kur wa tap pay nye pa dang che pa tam che rap tu shi war gyur ro
disparaging the assembly of noble ones, or disparaging the true Dharma.

འཆི་བའི་དུས་ལ་བབ་པའི་ཚེ་ན། བཅོམ་ལྡན་འདས་མི་འཁྲུགས་པ་དེ་དང་བྱང་ཆུབ་སེམས་དཔའ
chi way dü la bap pay tse na   chom den de mi truk pa de dang jang chup sem pa
When their moment of death arrives, Bhagavan Akshobhya and the bodhisattvas

རྣམས་གང་གི་མདུན་ན་མངོན་སུམ་དུ་འོངས་ནས། སྙན་པར་བརྗོད་ཅིང་མགུ་བར་བྱས་ཏེ་གང
nam gang gi dün na ngön sum du ong ne   nyen par jö ching gu war che te gang
will come directly before them, speak pleasantly and gladden them, and will make them

དེ་རབ་ཏུ་དགའ་བར་བྱེད་དོ། །
de rap tu ga war je do
thoroughly joyful.

དེ་ནས་དེང་ཁྱོད་བསུ་བར་བྱེད་ཀྱིས་བདག་གང་དུ་གནས་པའི་སངས་རྒྱས་ཀྱི་ཞིང་དུ་ལྷན
de ne deng khyö su war che kyi dak gang du ne pay sang gye kyi shing du lhen
They will then say, 'We welcome you now, thus it is right that we go together

ཅིག་ཏུ་འདོང་བར་རིགས་སོ་ཞེས་གསུངས་པར་འགྱུར་རོ། །
chik tu dong war rik so she sung par gyur ro
to the buddha field we dwell in.'

ཤི་འཕོས་ནས་ཀྱང་ངེས་པར་དེ་བཞིན་གཤེགས་པ་མི་འཁྲུགས་པའི་སངས་རྒྱས་ཀྱི་ཞིང་རྣམ་པར
shi pö ne kyang nge par de shin shek pa mi truk pay sang gye kyi shing nam par
After dying too, that person will definitely be reborn in the pure land

དག་པར་སྐྱེ་བར་འགྱུར་རོ། །
dak par kye war gyur ro
of Tathagata Akshobhya.

རིགས་ཀྱི་བུ། གཞན་ཡང་དེ་བཞིན་གཤེགས་པ་ཡང་དག་པར་རྫོགས་པའི་སངས་རྒྱས་ངན
rik kyi bu   shen yang de shin shek pa yang dak par dzok pay sang kye ngen
Moreover, child of the lineage, since the tathagata, the complete and perfect

song jong way gyal po she ja way   sem chen tam che la pen pa dang de way dön
Buddha Durgati Shodhana Raja seeks benefit and happiness for all sentient beings,

tsel way na   sung ngak di sung shing dü pa nam la de jö du gyi par nang ngo
he uttered this dharani mantra and had those assembled recite it.

ngak ni di ke do
The mantra is spoken thus:

śhodhane śhodhane sarva pāpam viśhodhane śhuddhe viśhuddhe sarva
ŚHODHANE ŚHODHANE SARVA PĀPAM VIŚHODHANE ŚHUDDHE VIŚHUDDHE SARVA

karma viśhuddhe svāhā
KARMA VIŚHUDDHE SVĀHĀ

gel te rik kyi bu'am rik kyi bu mo gang la la shik gi   de shin shek pa yang dak par
If any son of the lineage or daughter of the lineage pays homage without pretense or guile

dzok pay sang gye ngen song jong way gyal   po la yo dang gyu ma chi par chak
to the tathagata, the complete and perfect Buddha Durgati Shodhana Raja,

che te ngak di chang wa dang dzin par che na   kal pa tri shi tong gi ngön gyi tse
and upholds and memorizes this mantra, they will always remember their lives

rap kyang tak tu dren par gyur ro
from the previous fourteen thousand aeons.

gang du kye way ne su kye pay lü top par gyur ro
Wherever they are born, they will always attain a powerful body.

དབང་པོ་ཕུན་སུམ་ཚོགས་ཤིང་ལས་འབྲས་ལ་མངོན་པར་ཡིད་ཆེས་པར་འགྱུར་རོ། །

wang po pün sum tsok shing le dre la ngön par yi che par gyur ro

They will have perfect faculties, and have firm conviction in cause and effect.

བཟོ་ཡི་རིགས་སྣ་ཚོགས་ལ་མཁས་ཤིང་བསྟན་བཅོས་ཐམས་ཅད་ལེགས་པར་ཤེས་པར་འགྱུར་རོ། །

so yi rik na tsok la khe shing ten chö tam che lek par che par gyur ro

They will be skilled in the various crafts, and will understand all the commentarial treatises well.

གཏོང་བ་ལ་སྤྲོ་ཞིང་འདོད་པ་ཐམས་ཅད་ལ་ཡིད་འབྱུང་བར་འགྱུར་རོ། །

tong wa la tro shing dö pa tam che la yi jung war gyur ro

They will delight in giving, and will be repulsed by all objects of desire.

སྡིག་པའི་ལས་མི་བགྱི་ཞིང་འཇིགས་པ་ཐམས་ཅད་དང་བྲལ་བར་འགྱུར་རོ། །

dik pay le mi kyi shing jik pa tam che dang drel war gyur ro

They will engage in no wrong acts and be free of all fear.

ཡང་དག་པའི་འཚོ་བ་དང་ཤེས་རབ་ལྡན་ཞིང་སྐྱེ་དགུ་ཀུན་གྱིས་ཤིན་ཏུ་གཅེས་པར་འགྱུར་རོ། །

yang dak pay tso wa dang she rap den shing kye gu kün gyi shin tu che par gyur ro

They will have a right livelihood and wisdom, and all beings will be extremely fond of them.

རྟག་ཏུ་དགེ་བའི་བཤེས་གཉེན་གྱི་དྲུང་དུ་དམ་པའི་ཆོས་རྒྱུན་མར་ཐོས་པར་འགྱུར་རོ། །

tak tu ge way she nyen gyi drung du dam pay chö gyün mar tö par gyur ro

They will always hear the true Dharma in the presence of a spiritual friend, unceasingly.

བྱང་ཆུབ་འདོད་པའི་སེམས་ཐང་ཅིག་ཙམ་ཡང་སྤོང་བར་མི་འགྱུར་རོ། །

jang chup dö pay sem tang chig tsam yang pong war mi gyur ro

They will not abandon their wish for enlightenment even for an instant.

ཡོན་ཏན་ཐམས་ཅད་ཀྱིས་བདག་ཉིད་མཛེས་པར་འགྱུར་རོ། །

yön ten tam che kyi dak nyi dze par gyur ro

They themselves will be beautified by all good qualities.

ཡང་དག་པའི་སྡོམ་པ་དང་ལྡན་ཞིང་སྡིག་པའི་ལས་ཐམས་ཅད་ལ་འཇིགས་པར་འགྱུར་རོ། །

yang dak pay dom pa dang den shing dik pay le tam che la jik par gyur ro

They will be endowed with perfect restraint, and will fear all wrongdoing.

གཏན་དུ་ཉོན་མོངས་པ་མེད་ཅིང་མཉེན་ཞིང་རབ་ཏུ་ཞི་བར་འགྱུར་རོ། །

ten du nyön mong pa me ching nyen shing rap tu shi war gyur ro

They will always be without kleshas, and be mild and thoroughly pacified.

The Sutra of the Dharani that Thoroughly Liberates from All Suffering and Obscurations

lha dang mi dak gi nang du tak tu de wa nyong war gyur ro
They will always experience happiness among devas and humans.

la na me pa yang dak par dzok pay jang chup nyur du top par gyur ro
They will quickly attain the unsurpassed state of complete and perfect enlightenment.

pa röl tu chin pa chu po dak le chir dok par mi gyur ro
They will never turn away from the ten transcendences.

tak tu sem chen ma lü pa pen de la gö par dö par gyur ro
They will always have the wish to bring about the benefit and happiness of all sentient beings

gang nyam su lang pa tam che dak dön shöl war mi gyur ro
without exception. Whatever they practice, they will not engage in self-interest.

gang du kye way ne su tak tu sang gye tong wa top par gyur ro
Wherever they are born, they will always be able to see a buddha.

dam pay chö kyong way pak pay tsok kyi drang su drang war gyur ro
They will be counted among the noble community that protects the true Dharma."

chom den de kyi de ke che ka tsel ne   nyen tö dang jang chup sem pa dang lha
After the Bhagavan had spoken thus, the community of hearer disciples,

dang mi dang lha mi yin gyi tsok dang che pa yi rang te   chom den de kyi sung
bodhisattvas, devas, humans, and asuras rejoiced and praised

pa la ngön par tö do
what the Bhagavan had said.

སྡུག་བསྔལ་དང་སྒྲིབ་པ་ཐམས་ཅད་ལས་རྣམ་པར་དགྲོལ་བའི་གཟུངས་རྫོགས་སོ།། ། །

duk ngel dang drip pa tam che le nam par dröl way sung dzok so

The Dharani that Thoroughly Liberates from All Suffering and Obscurations is completed.

ཆེན་པོ་ཐང་གུར་གྱི་སྟེ་སློབ་གསུམ་པ་ཞེན་ཙང་ནས་གོང་མའི་བཀའ་ལུང་གིས་རྒྱ་ནག་གི་སྐད་དུ་བསྒྱུར་བ་ལས་སྙིགས་མའི་དུས་སུ་བྱང་ཕྱོགས་གངས་ཅན་གྱི་རྒྱུད་དུ་བྱུང་བ་ཞྭ་མཐིང་མཐིང་ཅན་ཨོ་རྒྱན་ཕྲིན་ལས་དབང་གི་རྡོ་རྗེས་བསྒྱུར་ཅིང་ཞུས་ཏེ་གཏན་ལ་ཕབ་པའོ།། ། །

Translated into Chinese by Hsuan Tsang, the Tripitaka Master of the Great Tang, by imperial edict, and from that, translated and finalized by the holder of the Black Hat, Ogyen Trinley Wang gi Dorje, who was born in the lineage of the northern snowy land in degenerate times.

Rituals of Offering and Devotion

A Concise Ritual of Offering to the Seven Tathagatas

དེ་བཞིན་གཤེགས་པ་བདུན་མཆོད་པའི་ཆོག་བསྒྲིགས་ཏེ་བྱ་བ་བཞུགས་སོ། །

བཅོམ་ལྡན་འདས་སྨན་གྱི་བླ་བཻཌཱུརྱའི་འོད་ཀྱི་རྒྱལ་པོ་ལ་སོགས་པ་དེ་བཞིན་གཤེགས་པ་བདུན་ལ་ཕྱག་འཚལ་ལོ། །དེ་བཞིན་གཤེགས་པ་བདུན་མཆོད་པའི་ཆོག་བསྒྲིགས་ཏེ་བྱར་འདོད་པས། སོ་སོར་ཐར་པའི་སྡོམ་པ་གང་རུང་དང་ལྷན་ཅིག་བྱང་ཆུབ་ཏུ་སེམས་བསྐྱེད་ལ། དུས་ཚེས་བཅུད་ལྟ་བུའམ། རྒྱུན་དུ་གནས་ཉིད་དུ་འདོད་པ་གཅིག་མར་བྱས་པའི་གནས་སུ་མཎྜལ་མེ་ཏོག་གི་ཚོམ་བུ་ལྷ་གྲངས་དང་མཉམ་པ་བགོད། སྐུ་གསུང་ཐུགས་ཀྱི་རྟེན་ཅི་རིགས་སུ་བཞག །མཆོད་པ་ཅི་འབྱོར་ཡང་བཤམས་ཏེ་ནུས་པ་མ་སྨིས་པར་བཤམས། དེ་ནས་ཁྲུས་བྱས་ཏེ་སྟན་བདེ་བར་འདུག་ལ་སྟོང་པ་ཉིད་ཀྱི་ཏིང་ངེ་འཛིན་ཅི་རིགས་སུ་བསྒོམ། །

I prostrate to Medicine Buddha, the King of Vaidurya Light, and the rest of the Seven Tathagatas.

Those who wish to practice this concise offering ritual to the Seven Tathagatas should be holding any of the pratimoksha vows, and generate bodhichitta. Either on a date such as the eighth of the month or as a regular practice, prepare as many mandala and flower arrangements as there are deities, in a place that has been made pleasant and clean. Set up symbols of body, speech, and mind of any type, and arrange whatever offerings you can afford. Set out whatever you are able. After that, wash yourself, sit comfortably and engage in any type of meditative concentration on emptiness.

གང་གིས་རྟེན་ཅིང་འབྲེལ་བར་འབྱུང་། །
gang gi ten ching drel war jung
I prostrate to the Perfect Buddha,

ཆད་པ་མེད་པ་རྟག་མེད་པ། །
che pa me pa tak me pa
Whatever arises interdependently

ཐ་དད་དོན་མིན་དོན་གཅིག་མིན། །
ta de dön min dön chik min
No annihilation and no permanence,

རྫོགས་པའི་སངས་རྒྱས་སྨྲ་རྣམས་ཀྱི། །
dzog pay sang gye ma nam kyi
Is neither different nor the same,

འགག་པ་མེད་པ་སྐྱེ་མེད་པ། །
gak pa me pa kye me pa
Best among speakers, who taught that

འོང་བ་མེད་པ་འགྲོ་མེད་པ། །
ong wa me pa dro me pa
Has no cessation and no arising,

སྤྲོས་པ་ཉེར་ཞི་ཞིར་བསྟན་པ། །
trö pa nyer shi shir ten pa
No coming and no going,

དམ་པ་དེ་ལ་ཕྱག་འཚལ་ལོ། །
dam pa de la chak tsal lo
And is free of elaborations.

ཞེས་དང་། །
And:

gang shik kyen le kye pa de ma kye
Whatever is born of conditions is unborn.

de la kye way rang shin yö ma yin
It does not have birth as its nature.

kyen la rak le gang te tong pa te
Whatever is subject to conditions is empty.

gang gi tong nyi she de bak yö yin
Whoever understands emptiness is alert.

After you have recited that three times, meditate on the four boundless thoughts.

Then arise from that, and repeat three times:

sem chen tam che de wa dang de way gyu dang den par gyur chik
May all sentient beings have happiness and the causes of happiness.

duk ngel dang duk ngel gyi gyu dang drel war gyur chik
May they be free of suffering and the causes of suffering.

duk ngel me pay de wa dam pa dang mi drel war gyur chik
May they not be parted from supreme joy that is without sorrow.

nye ring chak dang nyi dang drel way tang nyom chen po la ne par gyur chik (3x)
May they abide in great equanimity, free of attachment or hatred for those near or far.

After you have recited that three times, meditate on the four boundless thoughts. Then recite the following three times, fixing your mind on bodhichitta:

sang gye chö dang tsok gyi chok nam la
Until enlightenment, I go for refuge

jang chup bar du dak nyi kyap su chi
To the Buddha, Dharma, and the supreme Sangha.

A Concise Ritual of Offering to the Seven Tathagatas

dak gi jin sok gyi pa di dak gyi | dro la pen chir sang gye drup par shok (3x)

By acting generously and so forth, May I become a buddha to help beings.

After that, also think that your own potential and the tathagatas and bodhisattvas of the ten directions confer blessings for this to come about. Then repeat three times:

kön chok sum gyi den pa dang   sang gye dang jang chup sem pa nam kyi tu dang

Through the power of the truth of the three jewels and the power of the buddhas and

tsok nyi yong su dzok pay nga tang chen po dang   chö kyi ying rang shin nam par

bodhisattvas, through the great might of the completion of the two accumulations, and through

dak ching sam gyi mi khyap pay top kyi   yül chok di tam che shing kham nam par dak

the force of the naturally pure and inconceivable dharmadhatu, may this entire area become a pure

pa jik ten gyi kham de wa chen ta bu yön ten sam gyi mi khyap pa dang den par

land like the realm of Sukhavati, replete with inconceivable good qualities.

gyur chik   shal me khang chen po gyu rin po che na tsok le drup pa   gya tong sum

May this become a great palace made of the seven precious substances, vast as a billion worlds

gang gay lung gi che ma dang nyam pa   nam par tar pay go sam gyi mi khyap pa

equaling the grains of sand in the Ganges, possessing the inconceivable gateway to complete

dang den pa ö ser chen po rab tu bar wa   sem chen tam che kyi dön tam che yong

liberation. May it blaze tremendously with great rays of light, completing all the aims of all

su dzok par che pa   den rin po che seng gey tri pema dang da wa pak tu me pa

sentient beings, and may it be provided with countless precious seats, lion thrones with lotus and

དང་། མཆོད་པའི་སྤྲིན་བཟང་པོར་སྤྲོད་པའི་སྨོན་ལམ་ལས་བྱུང་བ་བསམ་གྱིས་མི་ཁྱབ་པ

dang   chö pay trin sang por chö pay mön lam le jung wa sam gyi mi khyap pa

moon, and inconceivable clouds of offerings arising from the

དང་ལྡན་པར་གྱུར་ཅིག

dang den par gyur chik (3x)

Aspiration for Excellent Conduct.

ཅེས་ལན་གསུམ་བརྗོད།

Then recite three times:

དཀོན་མཆོག་གསུམ་གྱི་བདེན་པ་དང་། སངས་རྒྱས་དང་བྱང་ཆུབ་སེམས་དཔའ་ཐམས་ཅད་ཀྱི་བྱིན་

kön chok sum gyi den pa dang   sang gye dang jang chup sem pa tam che kyi jin

Through the power of the truth of the three jewels, through the blessings of all the buddhas and

གྱིས་བརླབས་པ་དང་། ཚོགས་གཉིས་ཡོངས་སུ་རྫོགས་པའི་མངའ་ཐང་ཆེན་པོ་དང་། ཆོས་ཀྱི་དབྱིངས་

gyi lap pa dang   tsok nyi yong su dzok pay nga tang chen po dang   chö kyi ying

bodhisattvas, through the great might of the completion of the two accumulations, and through

རྣམ་པར་དག་ཅིང་བསམ་གྱིས་མི་ཁྱབ་པའི་སྟོབས་ཀྱིས་དེ་བཞིན་དུ་གྱུར་ཅིག །

nam par dak jing sam gyi mi khyap pay top kyi de shin du gyur chik (3x)

the force of the pure and inconceivable dharmadhatu, may it become just so.

ལན་གསུམ་བརྗོད་ལ། དེ་ནས་འཕགས་པ་སྤྱན་དྲངས་ཏེ། ཕྱག་མོ་བཙུགས་ཏེ་མེ་ཏོག་བླངས། ཐལ་མོ་སྦྱར་ནས་འདི་སྐད་ཅེས།

Next, to invite the noble ones, kneel and take flowers. Join your palms and say:

བཅོམ་ལྡན་འདས་དེ་བཞིན་གཤེགས་པ་མཚན་ལེགས་པར་ཡོངས་བསྒྲགས་དཔལ་གྱི་རྒྱལ་པོ་དང་། དེ་བཞིན་

chom den de de shin shek pa tsen lek par yong drak pal gyi gyal po dang   de shin

Bhagavan Tathagata King of Glorious Well-Renowned Name; Tathagata King of Majestic

གཤེགས་པ་རིན་པོ་ཆེ་དང་ཟླ་བ་དང་པདྨས་རབ་ཏུ་བརྒྱན་པ་མཁས་པ་གཟི་བརྗིད་སྒྲ་དབྱངས་ཀྱི་

shek pa rin po che dang da wa dang peme rap tu gyen pa khe pa si ji dra yang kyi

Melodious Sound, Skilled and Adorned with Jewels, Moon, and Lotus; Tathagata Excellent

རྒྱལ་པོ་དང་། དེ་བཞིན་གཤེགས་པ་གསེར་བཟང་དྲི་མེད་རིན་ཆེན་སྣང་བ་བརྟུལ་ཞུགས་གྲུབ་པ་

gyal po dang   de shin shek pa ser sang dri me rin chen nang wa tül shuk drup pa

Golden Flawless Jeweled Appearance Whose Vows are Accomplished; Tathagata Glorious

དང་། དེ་བཞིན་གཤེགས་པ་མྱ་ངན་མེད་མཆོག་དཔལ་དང་། དེ་བཞིན་གཤེགས་པ་ཆོས་

dang   de shin shek pa nya ngen me chok pal dang   de shin shek pa chö

Supreme Sorrow-less One; Tathagata Voice of an Ocean of Proclaimed

A Concise Ritual of Offering to the Seven Tathagatas 49

drak gya tsoy yang dang   de shin shek pa chö kyi gya tso chok gi loy nam par röl
Dharma; Tathagata Mind that is a Supreme Ocean of Dharma Directly Knowing the Playful

pa ngön par khyen pa dang   chom den de de shing shek pa dra chom pa yang
Display; the Bhagavan Tathagata Arhat Completely Perfect Buddha,

dak par dzok pay sang gye rik pa dang shap su den pa   de war shek pa   jik ten
the one with awareness and conduct, the sugata, the one who knows the world,

khyen pa   kye bu dül way kha lo gyur wa   la na me pa   lha dang mi nam kyi
the charioteer who tames beings, the unsurpassable, the teacher of gods and humans,

tön pa   sang gye men gyi la vaidur yay ö kyi gyal po dang   da tar dak chak gi
Medicine Buddha King of Vaidurya Light; and the one who is now our teacher, Buddha

tön pa chom den de shakya tup pa dzam buy ling dir nya ngen le de pay tsul ten kyang
Shakyamuni—who, despite displaying the deed of passing into parinirvana in this world,

shing kham shen du de shin shek pay nam par röl pa na tsok kyi dro way dön dze
in other world-realms lives on, acting for the welfare of beings by emanating various tathagatas—

ching shuk pa dang   jang chup sem pa sem pa chen po jam pal shön nur gyur pa
and the bodhisattva mahasattva Youthful Manjushri;

dang   gyal way se kyap dröl dang   chak na dor je la sok pa pak tu me pa dang
countless other bodhisattvas including Kyabdrol and Vajrapani;

dam pay chö dang khor nam shi kyong war shel gyi she pa lhay wang po gya jin
and those who have committed to protecting the pure Dharma and the fourfold assembly:

dang   tsang pa dang   gyal po chen po shi dang   nö jin gyi de pön chen po ji jik
Indra Lord of the Devas; Brahma; the Four Great Kings; the great yaksha leader Kumbhira,

la sok pa nö jin gyi de pön tam che la yang ngön gyi tuk dam sang po le leng te
and all the other leaders of the yakshas as well: Please initiate the wholesome pledges you made

dak chak la sok pa dro wa mang po kyop pay le du gön kyap pung nyen du chen
in the past. We invite you to come as guardian defenders to assist us and many other beings.

dren shing chi na chö pay tsok jar way po drang gi kyil khor dir shek shing den
Please come here to the mandala of the palace that has been prepared from this collection of

dzom pa chen po dze te jin gyi lap par chi nang (3x)
offerings. Please come and assemble in a great gathering, and grant the blessings you each possess.

Recite once:

ma lü sem chen kun gyi gön gyur ching
For each and every being, a protector,

dü de pung che mi se jom dze lha
You vanquished the ferocious hordes of Mara.

ngö nam ma lü ji shin khyen gyur pay
You know all things just as they are, Bhagavan:

chom den khor dang che te shek su söl
We pray you come here with your retinue.

chom den kal pa drang me du ma ru
Bhagavan, for many countless aeons you

dro la tse chir tuk je nam jang shing
Trained in compassion out of love for beings:

mön lam gya chen gong pa yong dzok pay
Now is the time to fulfill your vast aspirations

khyö she dro dön dze dü di lak na
By benefitting beings as you wished.

de chir chö ying po drang lhün drup ne
Thus we pray that out of the spontaneous palace

ta ye sem chen tsok nam dröl way chir
Will come, displaying miracles and blessings,

chom den dir ni jön pa lek
The Bhagavan is welcome here!

dak gi chö yön she le du
In order to accept our offerings,

tong sum kün dang nyam pa yi
We offer you this eight-petaled lotus,

de shing yang par bül lak na
To this realm of a billion worlds.

dzu trül jin lap na tsok tön dze ching
Of the dharmadhatu, you and your pure retinue

yong dak khor dang che te shek su sol
To liberate infinite sentient beings.

dak chak sö nam kal par den
We have such merit and good fortune.

di nyi du ni shuk su söl
We ask that you remain right here.

pema dap gye ge sar che
Spacious and comfortable, equal in size

chi de war ni shuk su söl
We pray you take your seat with ease.

After they have been invited, think:

so soy shing kham ne dzu trül gyi nam kha la shek te shel me khang gi ü su seng
Each of the eight tathagatas comes through the sky as an emanation from their own pure realm to

gey tri chen po gye la de shin shek pa gye shuk   chö po ti yang shuk   bar gyi
sit upon eight great lion thrones in the middle of the palace, and there are also Dharma texts set up

nam bu la jang chup sem pa jam pal la sok pa pak tu me pa shuk   sum pa la ye
there. At the intermediate wall are seated bodhisattva Manjushri and countless other bodhisattvas.

drel du tsang pa dang gya jin   yön drel du nö jin gyi de pön chu nyi   go shi la
In the third place, in the row of seats on the right are Brahma and Indra, and on the left the twelve

gyal po chen po shi rang rang gi dam che pa shin du drup ching shuk par gyur par
yaksha generals. The Four Great Kings are seated at the four gates and each is acting as he had pledged.

After contemplating thus, offer an ablution as in the extensive practice, and make an extensive mandala offering. Either in the present custom of brief aspiration recitations, or as a daily practice, this condensed version alone is sufficient:

trü kyi khang pa shin tu dri shim par
Within this sweetly fragrant house for bathing,

shel gyi sa shi sal shing tser wa tar
Prepared with floors of crystal, bright and lustrous,

rin chen bar way ka wa yi ong den
Attractive pillars all aglow with jewels,

mu tik ö chak la re dre pa der
And hanging canopies of glistening pearls,

de shin shek pa nam dang de se la
From precious vases that have been well filled

rin chen bum pa mang po pö kyi chu
With water imbued with many fragrances,

yi ong lek par kang way lu dang ni
We bathe the sugatas and bodhisattvas,

röl mor che pa du may ku trü söl
Accompanied by song, cymbals, and music.

oṃ sarva tathāgata abhiṣhekate samaya śhriye huṃ
OṂ SARVA TATHĀGATA ABHIṢHEKATE SAMAYA ŚHRĪYE HUṂ

ji tar tam pa tsam gyi ni
Just as the devas offered ablution

lha nam kyi ni trü söl tar
To the Buddha when he was born,

lha yi chu ni dak pa yi
In the same way we offer ablution

de shin dak gi ku trü söl
With the pure water of the devas.

འདི་ནི་ཁྲུས་མཆོག་དཔལ་དང་ལྡན། །
di ni trü chok pal dang den
This is the glorious, supreme ablution.

བྱིན་རླབས་ཡེ་ཤེས་ཆུ་ཡིན་ཏེ། །
jin lap ye she chu yin te
The water of your blessings and of your wisdom.

དེ་དག་སྐུ་ལ་མཚུངས་པ་མེད་པའི་གོས། །
de dak ku la tsung pa me pay gö
With clean and finely scented cloths

སྲབ་འཇམ་ཡངས་པ་ལྷ་ཡི་གོས། །
sap jam yang pa lha yi gö
By offering fine, soft divine cloth

མི་ཕྱེད་དད་པས་བདག་འབུལ་ན། །
mi che de pay dak bül na
Attained indestructible vajra bodies

ལྷག་བསམ་དག་པའི་ན་བཟའ་འདི་འབུལ་བས། །
lhak sam dak pay na sa di bül way
By offering this cloth that is our pure intent,

ངོ་ཚ་ཁྲེལ་ཡོད་བཟོད་པའི་གོས་གྱོན་ནས། །
ngo tsa drel yö sö pay gö gyön ne
So we clothe our mind in modesty and patience,

སྣ་ཚོགས་དབང་པོའི་གཞུ་ལྟར་རབ་བཀྲ་ཞིང་། །
na tsok wang pöy shu tar rap tra shing
Of many colors, exquisite as a rainbow,

གོས་བཟང་རིན་ཆེན་བདག་བློ་སྦྱོང་ཕྱིར་འབུལ། །
gö sang rin chen dak lo jong chir bül
We offer this excellent precious cloth.

བཟོད་ལ། མཎྜལ་རྒྱས་པ་འབུལ།
Make a long mandala offering:

ཐུགས་རྗེའི་ཆུ་ནི་བླ་ན་མེད། །
tuk jey chu ni la na me
It is the most sublime water of compassion,

ཅི་འདོད་དངོས་གྲུབ་སྩོལ་བར་མཛོད། །
chi dö ngö drup tsöl war dzö
We pray you grant whatever siddhis we seek.

གཙང་ལ་དྲི་རབ་བགོས་པས་སྐུ་ཕྱི་འོ། །
tsang la dri rap gö pay ku chi o
Beyond compare, we dry their bodies.

མི་བསྐྱོད་རྡོ་རྗེའི་སྐུ་བརྙེས་ལ། །
mi kyö dorje ku nye la
With unwavering faith in those who have

བདག་སོགས་རྡོ་རྗེའི་སྐུ་ཐོབ་ཤོག །
dak sok dor jey ku top shok
May we too attain vajra bodies.

ལུས་ལ་ངུར་སྨྲིག་གོས་གྱོན་སེམས་ལ་ནི། །
lü la ngur mik gö gyön sem la ni
As the body is attired in saffron robes,

རྒྱལ་བ་བསྐྱེད་པའི་ཡུམ་ལ་མཆོད་པར་བགྱི། །
gyal wa kye pay yum la chö par gyi
And venerate the mother who gave birth to the Buddha.

གང་ལ་རེག་ན་བདེ་བའི་འགྱུར་གྱུར་པའི། །
gang la rek na de way gyur gyur pay
A delight to just touch: to cleanse our mind

བཟོད་པ་དམ་པའི་གོས་ཀྱིས་བརྒྱན་པར་ཤོག །
sö pa dam pay gö gyi gyen par shok
May we be adorned by the finest cloth, patience.

sa shi pö chuy juk shing me tok tram
The earth is perfumed with scented water and strewn with flowers

ri rap ling shi nyi de gyen pa di
Adorned with Mount Meru, the four continents, sun and moon.

sang gye shing du mik te pül wa yi
Visualizing this as a buddha realm, we offer it

dro kün nam dak shing der chö par shok
So that all beings may enjoy this perfectly pure realm.

nye che man dal sang po di pül way
By offering this excellent mandala that brings delight,

jang chup lam la bar che mi jung shing
May no obstacles arise on our path to enlightenment.

dü sum de shek gong pa tok pa dang
May we realize what is known by the sugatas of the three times.

si par mi trül shi war mi ne shing
Not wandering lost in samsara, nor resting in nirvana's peace,

nam kha nyam pay dro nam dröl war shok
May we liberate all beings throughout the reaches of space.

chak tsal wa dang chö ching shak pa dang
We dedicate to enlightenment whatever

je su yi rang kül shing söl wa yi
Slight merit we have gathered from prostrating,

ge wa chung se dak gi chi sak pa
Offering, confessing, rejoicing,

tam che dak gi jang chup chir ngo o
Requesting, and making supplications.

chok chu dü sum gyi de war shek pa se dang che pa nam la chak tsal lo chö do
We prostrate, make offerings, and go for refuge to the tathagatas of the ten directions and the

kyap su chi o
three times, and to the bodhisattvas.

Repeat the following three times:

chom den de de shin shek pa dra chom pa yang dak par dzok pay sang gye tsen
We prostrate, make offerings, and go for refuge to the Bhagavan Tathagata Arhat Completely

lek par yong drak pal gyi gyal po la chak tsal lo   chö do   kyap su chi o
Perfect Buddha King of Glorious Well-Renowned Name.

chom den de de shin shek pa dra chom pa yang dak par dzok pay sang gye rin po
We prostrate, make offerings, and go for refuge to the Bhagavan Tathagata Arhat

che dang da wa dang pe may rap tu gyan pa khe pa si ji dra yang kyi gyal po la
Completely Perfect Buddha King of Majestic Melodious Sound, Skilled and

chak tsal lo   chö do   kyap su chi o
Adorned with Jewels, Moon and Lotus.

chom den de de shin shek pa dra chom pa yang dak par dzok pay sang gye ser
We prostrate, make offerings, and go for refuge to the Bhagavan Tathagata Arhat Completely

sang dri me rin chen nang tül shuk drup pa la chak tsal lo chö do kyap su chi o
Perfect Buddha Excellent Golden Flawless Jeweled Appearance Whose Vows are Accomplished.

chom den de de shin shek pa dra chom pa yang dak par dzok pay sang gye nya
We prostrate, make offerings, and go for refuge to the Bhagavan Tathagata Arhat Completely

ngen me chok pal la chak tsal lo   chö do   kyap su chi o
Perfect Buddha Glorious Supreme Sorrow-less One.

chom den de de shin shek pa dra chom pa yang dak par dzok pay sang gye chö
We prostrate, make offerings, and go for refuge to the Bhagavan Tathagata Arhat Completely

བསྒྲགས་རྒྱ་མཚོའི་དབྱངས་ལ་ཕྱག་འཚལ་ལོ། །མཆོད་དོ། །སྐྱབས་སུ་མཆིའོ། །
drak gya tsoy yang la chak tsal lo   chö do   kyap su chi o
Perfect Buddha Voice of an Ocean of Proclaimed Dharma.

བཅོམ་ལྡན་འདས་དེ་བཞིན་གཤེགས་པ་དགྲ་བཅོམ་པ་ཡང་དག་པར་རྫོགས་པའི་སངས་རྒྱས་ཆོས་
chom den de de shin shek pa dra chom pa yang dak par dzok pay sang gye chö
We prostrate, make offerings, and go for refuge to the Bhagavan Tathagata Arhat

ཀྱི་རྒྱ་མཚོ་མཆོག་གི་བློས་རྣམ་པར་རོལ་པ་མངོན་པར་མཁྱེན་པ་ལ་ཕྱག་འཚལ་ལོ། །མཆོད་དོ། །
kyi gya tso chok gi loy nam par röl pa ngön par khyen pa la chak tsal lo   chö do
Completely Perfect Buddha Mind that is a Supreme Ocean of Dharma Directly Knowing the

སྐྱབས་སུ་མཆིའོ། །
kyap su chi o
Playful Display.

བཅོམ་ལྡན་འདས་དེ་བཞིན་གཤེགས་པ་དགྲ་བཅོམ་པ་ཡང་དག་པར་རྟོགས་པའི་སངས་རྒྱས་སྨན་
chom den de de shin shek pa dra chom pa yang dak par dzok pay sang gye men
We prostrate, make offerings, and go for refuge to the Bhagavan Tathagata Arhat

གྱི་བླ་བཻཌཱུརྻའི་འོད་ཀྱི་རྒྱལ་པོ་ལ་ཕྱག་འཚལ་ལོ། །མཆོད་དོ། །སྐྱབས་སུ་མཆིའོ། །
gyi la vai dur yay ö kyi gyal po la chak tsal lo   chö do   kyap su chi o
Completely Perfect Medicine Buddha King of Vaidurya Light.

སྟོན་པ་བཅོམ་ལྡན་འདས་དེ་བཞིན་གཤེགས་པ་དགྲ་བཅོམ་པ་ཡང་དག་པར་རྟོགས་པའི་སངས་
tön pa chom den de de shin shek pa dra chom pa yang dak par dzok pay sang
We prostrate, make offerings, and go for refuge to the Teacher, the Bhagavan Tathagata Arhat

རྒྱས་རྒྱལ་བ་ཤཱཀྱ་ཐུབ་པ་ལ་ཕྱག་འཚལ་ལོ། །མཆོད་དོ། །སྐྱབས་སུ་མཆིའོ། །
gye gyal wa shakya tup pa la chak tsal lo   chö do   kyap su chi o
Completely Perfect Buddha, the Victorious Shakyamuni.

མ་རིག་མུན་སེལ་སྒྲོན་མེ་མཆོག །སྡུག་བསྔལ་ནད་སེལ་སྨན་གྱི་ཕུལ། །དམ་ཆོས་དཀོན་མཆོག
ma rik mün sel drön me chok   duk ngel ne sel men gyi pül   dam chö kön chok
We prostrate, make offerings, and go for refuge to all the Jewels of the pure Dharma, the supreme

ཐམས་ཅད་ལ། །ཕྱག་འཚལ་མཆོད་དོ་སྐྱབས་སུ་མཆིའོ། །
tam che la   chak tsal chö do kyap su chi o
lamps to dispel the darkness of ignorance, the best medicine to cure the disease of suffering.

jang chup sem pa sem pa chen po jam pal shön nur gyur pa la chak tsal lo
We prostrate, make offerings, and go for refuge to the bodhisattva mahasattva

chö do   kyap su chi o
Youthful Manjushri.

jang chup sem pa sem pa chen po pak pa kyap dröl la chak tsal lo   chö do
We prostrate, make offerings, and go for refuge to the bodhisattva mahasattva

kyap su chi o
Noble Kyabdrol.

jang chup sem pa sem pa chen po pal chak na dor je la sok pa nam la chak tsal lo
We prostrate, make offerings, and go for refuge to the Glorious Vajrapani, and the rest of the

chö do   kyap su chi o
bodhisattva mahasattvas.

tsang pa dang gya jin dang gyal po chen po shi la sok pa chö kyong wa nam la
We prostrate, make offerings, and go for refuge to Brahma, Indra, the Four Great Kings,

chak tsal lo   chö do   kyap su chi o
and the rest of the Dharma protectors.

nö jin gyi de pön chen po ji jik la sok pa nö jin gyi de pön chen po chu nyi yok
We prostrate, make offerings, and go for refuge to Kumbhira and the rest of the twelve great

dün bum dün bum dang che pa nam la chak tsal lo   chö do   kyap su chi o
yaksha generals, each with their 700,000 servants.

pak pay tsok de dak tam che la chö yön dang chuk pa me tok dang duk pö
We make offerings and venerate all these assemblies of noble ones, with these actual offering

mar me dang shal se   röl mo dang sil nyen   duk dang ba den la sok pa ngö su
objects, such as oil for anointing, flowers, incense, lamps, food, music, cymbals, parasols, and

chi jor wa di dak dang   chok chu na dak poy yong su ma sung way lha dang miyi
banners, as well as everything excellent in the ten directions that gives delight and is not claimed

dze dam pa de way yo che pün sum tsok pa tam che dang   sung dang rik pay tu
by any owner, made of the very best of celestial and human materials. We fill all the endless skies

dang mö pay top kyi kye pay chö pay trin sang por chö pay mön lam le jung wa gya
with oceans of clouds of offerings arising from the *Aspiration for Excellent Conduct*, produced by

tso tam che kyi nam khay kham kyi ta le pa tam che kang te bül lo   chö do
dharani, the power of the mind, and the strength of our aspirations, and these we offer.

dak chak nam kyi tok ma ma chi pa ne khor wa na khor way tse rap tam che du
We fully confess all the unvirtuous misdeeds we have committed in all our lifetimes, while cycling

dik pa mi ge way le dor na mi gyi war ö pay le ni gyi   gyi war ö pay le ma gyi
through samsara since beginningless time: in short, doing what ought not to be done and not

pa la sok pa ngö dik chi chi pa tam che yang dak par chak so   dü sum gyi pak pa
doing what ought to be done, and all the misdeeds we ourselves have committed. We rejoice in all

dang so soy kye woy ge wa ta dak gi sö nam tam che la je su yi rang ngo   chok
the merit produced by all the virtuous acts done in the three times by the noble ones and by

A Concise Ritual of Offering to the Seven Tathagatas 59

བཅུའི་རྒྱལ་བ་ཐམས་ཅད་ལ་ཆོས་ཀྱི་འཁོར་ལོ་བླ་ན་མེད་པ་བསྐོར་བར་བསྐུལ་ལོ། །འཇིག་རྟེན་གྱི་
chuy gyal wa tam che la chö kyi khor lo la na me pa kor war kül lo   jik ten gyi
ordinary beings. We exhort all the conquerors in the ten directions to turn the unsurpassable wheel

སྒྲོན་མེ་གང་དག་མྱ་ངན་ལས་འདའ་བའི་ཚུལ་སྟོན་པར་བཞེད་པ་དེ་དག་ཐམས་ཅད་ལ་མྱ་
drön me gang dak nya ngen le da way tsul tön par she pa de dak tam che la nya
of Dharma. We beseech all those lamps of the world wishing to display the deed of passing into

ངན་ལས་མི་འདའ་བར་འཇིག་རྟེན་གྱི་དོན་མཛད་ཅིང་ཡུན་རིང་དུ་བཞུགས་པར་གསོལ་བར་འཚལ་ལོ། །
ngen le mi da war jik ten gyi dön dze ching yün ring du shuk par söl war tsal lo
nirvana to engage in deeds benefitting the world without passing into nirvana, and to remain long.

བཅོམ་ལྡན་འདས་གདན་འཛོམས་པ་ཆེན་པོས་དགོངས་སུ་གསོལ། བཅོམ་ལྡན་འདས་ཐུགས་རྗེ་ཆེན་པོ་
chom den de den dzom pa chen poy gong su söl   chom den de tuk je chen po
Great gathering of bhagavans, please consider us. Bhagavans of great compassion, in the latter

དང་ལྡན་པ་རྣམས་ཀྱིས་སྙིགས་མའི་དུས་ལྔ་བརྒྱ་པ་ཐ་མ་དམ་པའི་ཆོས་ལྟར་བཅོས་པ་འབྱུང་བ་
dang den pa nam kyi le may dü nga gya pa ta ma dam pay chö tar chö pa jung wa
times, during the final five hundred-year period when there arise false imitations of the pure Dharma,

ན་སེམས་ཅན་ལས་ཀྱི་སྒྲིབ་པ་སྣ་ཚོགས་ཀྱིས་བསྒྲིབས་པ། ནད་སྣ་ཚོགས་ཀྱིས་གཟིར་བ། མྱ་ངན་
na sem chen le kyi drip pa na tsok kyi drip pa   ne na tsok kyi sir wa   nya ngen
please care for all us sentient beings who are enshrouded in various karmic veils, afflicted with

དང་སྡུག་བསྔལ་རྣམ་པ་སྣ་ཚོགས་ཀྱིས་གཙེས་པ། ཕོངས་པར་གྱུར་པའི་སེམས་ཅན་ཐམས་ཅད་
dang duk ngel nam pa na tsok kyi tse pa   pong par gyur pay sem chen tam che
various illnesses, tormented by grief and suffering of various sorts, and poverty-stricken. For the

རྗེས་སུ་བཟུང་ཞིང་ལྷ་དང་མི་རྣམས་ཀྱི་དོན་དང་ཕན་པ་དང་བདེ་བའི་སླད་དུ།
je su sung shing lha dang mi nam kyi dön dang pen pa dang de way le du
welfare, benefit, and happiness of devas and humans, through the skill in means of the seven

སྔོན་བཅོམ་ལྡན་འདས་དེ་བཞིན་གཤེགས་པ་དགྲ་བཅོམ་པ་ཡང་དག་པར་རྫོགས་པའི་སངས་རྒྱས་
ngön chom den de de shin shek pa dra chom pa yang dak par dzok pay sang gye
bhagavan, tathagata, arhat, completely perfect buddhas of the past, and the blessings granted for the

བདུན་གྱིས་ཐབས་མཁས་པ་དང་། སྔོན་གྱི་སྨོན་ལམ་གྱི་ཁྱད་པར་རྒྱས་པ་རླབས་པོ་ཆེ་དག་ཇི་
dün gyi tap khe pa dang   ngön gyi mön lam gyi khye par gye pa lap po che dak ji
especially expansive and vast aspirations made in the past; and just as now our teacher, the Glorious

ལྟར་བཏབ་ཅིང་བྱིན་གྱིས་བརླབས་པ་དང་། དོན་དེ་ཉིད་ད་ལྟར་བདག་ཅག་གི་སྟོན་པ་བཅོམ་ལྡན་
tar tap ching jin gyi lap pa dang   dön de nyi da tar dak chak gi tön pa chom den
Bhagavan Shakyamuni declared and granted blessings for this very purpose; and just as Noble

འདས་དཔལ་ཤཱཀྱ་ཐུབ་པས་ཇི་ལྟར་བཀའ་སྩལ་ཅིང་བྱིན་གྱིས་བརླབས་པ་དང་། འཕགས་པ་འཇམ་དཔལ་
de pal shakya tup pay ji tar ka tsal ching jin gyi lap pa dang   pak pa jam pal
Manjushri, Kyabdrol, Vajrapani and the rest of the bodhisattva mahasattvas granted blessings;

དང་། སྐྱབས་གྲོལ་དང་། ཕྱག་ན་རྡོ་རྗེ་ལ་སོགས་པ་བྱང་ཆུབ་སེམས་དཔའ་རྣམས་ཀྱིས་ཇི་ལྟར་
dang   kyap dröl dang   chak na dor je la sok pa jang chup sem pa nam kyi ji tar
and Brahma, Indra the Lord of the Devas, the Four Great Kings, the twelve great yaksha

བྱིན་གྱིས་བརླབས་པ་དང་། ཚངས་པ་དང་ལྷའི་དབང་པོ་བརྒྱ་བྱིན་དང་། རྒྱལ་པོ་ཆེན་པོ་བཞི་
jin gyi lap pa dang   tsang pa dang lhay wang po gya jin dang   gyal po chen po shi
generals and the rest of the great upasaka Dharma protectors have all gathered together,

དང་། གནོད་སྦྱིན་གྱི་སྡེ་དཔོན་ཆེན་པོ་བཅུ་གཉིས་ལ་སོགས་པ་དམ་པའི་ཆོས་སྐྱོང་བའི་དགེ་བསྙེན་
dang   nö jin gyi de pön chen po chu nyi la sok pa dam pay chö kyong way ge nyen
and the mandala of the palace has been established before them; we have arranged this

ཆེན་པོ་རྣམས་དང་། ཐམས་ཅད་གདན་འཛོམས་པའི་སྤྱན་སྔར་པོ་བྲང་གི་དཀྱིལ་འཁོར་བཤམས། །
chen po nam dang   tam che den dzom pay chen ngar po drang gi kyil khor sham
collection of offerings according to our resources and uttered their names, and we make offerings:

འབྱོར་པའི་སྟོབས་ཅི་མཆིས་པས་མཆོད་པའི་ཚོགས་སྦྱར་ནས་མཚན་ནས་བརྗོད་དེ་མཆོད་པ་འབུལ། བཀའ་
jor pay top chi chi pay chö pay tsok jar ne tsen ne jö de chö pa bül   ka
May this gathering kindly accept: Please grant your blessings so that we or so-and-so and all

དྲིན་གནོད་ཅིང་མཆིས་ན། གདན་འཛོམས་པས་སྟོན་ཇི་ལྟར་བྱིན་གྱིས་བརླབས་ཤིང་བཀའ་སྩལ་པ་བཞིན་དུ་
drin nö ching chi na   den dzom pay ngön ji tar jin gyi lap shing ka tsal pa shin du
other sentient beings immediately attain all that you have granted blessings for

མདོ་སྡེའི་ཕན་ཡོན་ཇི་སྐད་འབྱུང་བའི་བཀའ་དྲིན་ཐམས་ཅད། ཆེ་གེ་མོ་འམ།
do dey pen yön ji ke jung way ka drin tam che   che ge mo'am
and declared in the past, and all the future kindness

བདག་ཅག་ལ་སོགས་སེམས་ཅན་ཐམས་ཅད་ཀྱིས་འཕྲལ་དུ་ཐོབ་པར་བྱིན་གྱིས་བརླབ་པར་མཛད་དུ་གསོལ།
dak chak la sok sem chen tam che kyi trel du top par jin gyi lap par dze du söl
of the benefits of the sutras as stated.

གོང་གི་ཕྱོགས་བཅུ་དུས་གསུམ་གྱི་སོགས་ནས་འདི་བར་ལན་གསུམ་བཟླས།

Repeat the above from "We prostrate, make offerings, and go for refuge to the tathagatas of the ten directions and the three times, together with the bodhisattvas" (top of page 55) to here three times.

སྔགས་འདིར་གཟུངས་སྔགས་བཟླས།

Next recite the dharani mantra either 108, 21 or 7 times in each practice session, as appropriate to the time and circumstance:

ཏདྱཐཱ། གུ་མེ་གུ་མེ། ཨི་མི་ནེ། མི་ཧི། མ་ཏི་མ་ཏི། སཔྟ་ཏ་ཐཱ་ག་ཏ།
tadyathā   ghu me ghu me   i mi ne   mihi   mati mati   sapta tathāgata
TADYATHĀ GHU ME GHU ME I MI NE MIHE MATI MATI SAPTA TATHĀGATA

ས་མཱ་དྷྱ་དྷིཥྛི་ཏེ། ཨ་ཏེ་མ་ཏེ། པཱ་ལེ་པཱ་པཾ་ཤོ་དྷ་ནི། སརྦ་པཱ་པཾ་ནཱ་ཤ་ཡ།
samādhy adhiṣhṭhite   ate mate   pāle pāpaṃ śodhani   sarva pāpaṃ nāśhaya
SAMĀDHY ADHIṢHṬHITE ATE MATE PĀLE PĀPAṂ ŚODHANI SARVA PĀPAṂ NĀŚHAYA

མ་མ་བུདྡྷེ་བུདྡྷོཏྟ་མེ། ཨུ་མེ་ཀུ་མེ། བུདྡྷ་ཀྵེ་ཏྲ་པ་རི་ཤོ་དྷ་ནི།
mama buddhe buddhottame   ume kume   buddha kṣhetra pariśhodhani
MAMA BUDDHE BUDDHOTTAME UME KUME BUDDHA KṢHETRA PARIŚHODHANI

དྷ་མེ་ནི་དྷ་མེ། མེ་རུ་མེ་རུ། མེ་རུ་ཤི་ཁ་རེ། སརྦ་ཨ་ཀཱ་ལ་མྲྀ་ཏྱུ་ནཱི། པཱ་ར་ཎི།
dhameni dhame   meru meru   meru śhikhare   sarva akāla mṛityunī   pāraṇi
DHAMENI DHAME MERU MERU MERU ŚHIKHARE SARVA AKĀLA MṚITYUNĪ PĀRAṆI

བུདྡྷེ་སུ་བུདྡྷེ། བུདྡྷ་ཨདྷིཥྛི་ཏེ་ན། རཀྵནྟུ་མེ། སརྦ་དེ་བཱཿ ས་མེ།
buddhe subuddhe   buddha adhiṣhṭhitena   rakṣhantu me   sarva devāḥ   same
BUDDHE SUBUDDHE BUDDHA ADHIṢHṬHITENA RAKṢHANTU ME SARVA DEVĀḤ SAME

ཨ་ས་མེ། ས་མནྭཱ་ཧ་རནྟུ་མེ། སརྦ་བུདྡྷ། བོ་དྷི་སཏྭཱ། ཤ་མེ་ཤ་མེ།
asame   samanvāharantu me   sarva buddha   bodhisatvā   śha me śha me
ASAME SAMANVĀHARANTU ME SARVA BUDDHA BODHISATVĀ ŚHA ME ŚHA ME

པྲ་ཤ་མནྟུ་མེ། སརྦ་ཨཱི་ཏྱུ་ད་པ་དྲ་བ་བྱཱ་དྷ་ཡཿ པཱུ་ར་ཎི་པཱུ་ར་ཎི་པཱུ་ར་ཡ་མེ།
praśhamantu me   sarva ītyudapa drava vyādhayaḥ   pūraṇi pūraṇi   pūra yame
PRAŚHAMANTU ME SARVA ĪTYUDAPA DRAVA VYĀDHAYAḤ PŪRAṆI PŪRAṆI PŪRA YAME

སརྦ་ཨ་ཤ་ཡཱ་བཻ་ཌཱུ་ཪྻ་པྲ་ཏི་བྷཱ་སེ། སརྦ་པཱ་པཾ་ཀྵ་ཡཾ་ཀཱ་རི་སྭཱ་ཧཱ།
sarva āśhayā vaiḍūrya pratibhāse   sarva pāpaṃ kṣhayaṃ kāri svāhā
SARVA ĀŚHAYĀ VAIḌŪRYA PRATIBHĀSE SARVA PĀPAṂ KṢHAYAṂ KĀRI SVĀHĀ

Then:

ला मा ञम मे सांग ग्ये रिन पो छे
la ma nyam me sang gye rin po che
Lama who is a precious buddha beyond compare,

कु सुंग तुक क्यी ङो वोर जिन लप पा
ku sung tuk kyi ngo wor jin lap pa
As the essence of their body, speech, and mind:

ma chö trö drel la ma chö kyi ku
The uncontrived and free of elaboration is the lama, the dharmakaya.

pe dong le trung la ma trül pay ku
The lama sprung from a lotus stem is the nirmanakaya.

sa hor gyal poy rik trung ge long gang
Bhikshu born in the kshatriya clan in Sahor,

dom tsön rik pay ne nga kün la khe
Holder of the precepts, expert in all five sciences:

pak chok rik sum gön po sam shin du
You were emanated by the supreme noble ones, the lords of the three classes of deities,

nga dak song tsen tri song ral pa chen
King Songtsen Gampo, Trisong Detsen, and Ralpachen.

dü sum de shek se che tam che kyi
Blessed by all the buddhas and bodhisattvas of the three times

ka drin chen poy shap la chak tsal lo
We prostrate at the feet of you of great kindness.

de chen long chö la ma chö kyi je
The lama who is lord of the Dharma is the sambhogakaya.

ku sum dor je chang la chak tsal lo
We prostrate to Vajradhara of the three kayas.

khen po jang chup sem pa shi wa tso
The abbot-bodhisattva Shantarakshita,

lap pa sum den de la chak tsal lo
We prostrate to you who are endowed with the three trainings.

bö bang chö la khö chir kur trül pa
With the intent of establishing the Tibetan people in Dharma:

chö gyal me bön nam la chak tsal lo
We prostrate to the ancestral Dharma kings.

A Concise Ritual of Offering to the Seven Tathagatas 63

gan den ne na nam kha dri ma me
In Tushita you are known as Spotless Sky,

kha wa chen na pal den a ti sha
In the land of snows as Glorious Atisha:

ma ong sang gye dün pa rap sel gang
You who will become Pradyota, the seventh buddha,

shakya shi ri bha dra she drak pay
And are known as Shakya-shri-bhadra:

khyen rap tuk je tse me nga wa le
Out of limitless wisdom and compassion,

lo drö se me yön ten ter nga wa
A treasure of good qualities, your understanding is inexhaustible.

chok chur shuk pay gyal wa ma lü dang
To the assembly of all the conquerors in the ten directions,

dül chik teng na dül nye shuk pa yi
To the assembly of noble lamas, of whom there are

pak pay ne na di pam ka ra she
In the land of India as Dipamkara,

sa teng drak pay khyap la chak tsal lo
We prostrate to you whose fame fills the world.

dröl me je sung khe shing drup pa nye
Are cared for by Tara. You attained learning and siddhi,

kha che khe pa de la chak tsal lo
We prostrate to the scholar of Kashmir.

mi pam gön po nam par nang wa chen
You were emanated by Maitreya.

jam yang la may shap la chak tsal lo
We prostrate at the feet of Jamyang Lama.

jang chup sem dang gyal se ma lü tsok
And every single bodhisattva and buddha's heir,

la ma pak pay tsok la chak tsal lo
As many on a single atom as there are atoms, we prostrate.

After that, recite the Praise to the Eight Sugatas *composed by the abbot [Shantarakshita] himself:*

tsen gyi me tok gye shing dak pa la
The flowers of your marks are pure and in bloom.

gang gi tong tö dren dang pal gyur pa
Whom it is splendid to see, hear or recall to mind:

rin chen da wa pa mey rap gyen ching
Beautifully adorned with jewels, moon, and lotus,

gya tso ta bur sap pay ku nga wa
You gained a body deep as the ocean:

dzam buy chu wo ser tar lhang nge wa
Bright as the Jambu river's gold,

dri me ser gyi chö dong ta buy ku
Your body is like a pillar of flawless gold:

nya ngen de shing de way chok nye pa
You attained nirvana and supreme happiness.

dro druk gön dang pal du gyur pa yi
You are the protector of beings of the six realms, and glorious:

pe che sang poy dru chak dze pay ku
Your body is beautified with the emerging fruit of the signs.

tsen gyi gyal po de la chak tsal lo
We prostrate to the King of Names.

she ja kün la khe pay khyen pa pak
With a noble one's knowledge of all to be known,

dra yang gyal po de la chak tsal lo
We prostrate to the King of Melodious Sound.

nyi ma tong le lhak pay si ji bar
Blazing with a brilliance greater than a thousand suns,

ser sang dri me nang la chak tsal lo
We prostrate to Excellent Golden Flawless Appearance.

dro way duk ngel dung wa shi dze ching
You quelled the anguish of beings' sufferings.

nya ngen me chok pal la chak tsal lo
We prostrate to the Glorious Supreme Sorrow-less One.

chö dra chen poy pa röl göl wa jom
You conquer opponents with the great sound of the Dharma.

dro way duk sum ma lü shi dze pa
You pacified all three of the poisons of beings:

chö kyi lo drö ting pak ka way tsül
With an understanding of Dharma fathomlessly deep,

she ja ma lü ngön sum sik pa po
You see directly all that exists, missing nothing:

dro way ne so dze pa men pay chok
You are the supreme medicine to cure the diseases of beings,

ku yi ö kyi dro wa dröl dze pa
You liberate beings with your body's light:

tuk je kün la nyom pay chom den de
Bhagavan whose compassion is equal towards all,

duk sum ne sel sang gye men gyi la
We prostrate to you who cure the disease of the three poisons,

gya tso ta bur sap pay ku nga shing
Your body is profound as the ocean.

chö drak gya tsoy yang la chak tsal lo
We prostrate to Voice of an Ocean of Proclaimed Dharma.

nam dak chö kyi ying la röl dze ching
You revel in the pure dharmadhatu.

chö lo ngön par khyen la chak tsal lo
We prostrate to Dharma Mind that Directly Knows.

vai dur ya tar dang pay ku nga shing
With a body pure and clear as vaidurya.

men pay gyal po de la chak tsal lo
We prostrate to the King of Medicine.

tsen tsam tö pay ngen droy duk ngel kyop
Just hearing your name protects against the lower realms' sufferings.

vai dur yay ö la chak tsal lo
Medicine Buddha of Vaidurya Light.

ni ma ta bur ma rik mün pa sel
Like the sun you dispel the darkness of ignorance.

duk sum ne sel sang gye men gyi la
We prostrate to you who cure the disease of the three poisons,

lha miyi tön pa men pay gyal po te
A teacher of devas and humans, a king of medicine,

duk sum ne sel sang gye men gyi la
We prostrate to you who cure the disease of the three poisons,

khyö ni jik ten sum gi men pa te
You are physician to the three worlds,

sem chen tam che de la rap tu gö
You bring all beings to complete ease.

ye she chan gyi dro wa kün la sik
You see all beings with eyes of wisdom.

duk sum ne sel sang gye men gyi la
We prostrate to you who cure the disease of the three poisons,

lung dang tri pa pe ken dü pa sok
In your right hand is a myrobalan fruit,

da wa ta bur nyön mong dung wa sel
Like the moon you dispel the torment of afflictions.

vai dur yay ö la chak tsal lo
Medicine Buddha of Vaidurya Light.

chom den jik ten sum la kyap dze pa
Triumphant, you give refuge to the three worlds.

vai dur yay ö la chak tsal lo
Medicine Buddha of Vaidurya Light.

dö chak she dang ti muk tse ne chö
Eradicating desire, hatred, ignorance completely.

vai dur yay ö la chak tsal lo
Medicine Buddha of Vaidurya Light.

tug jey chan gyi dro wa kün la khyap
You reach all beings with eyes of compassion.

vai dur yay ö la chak tsal lo
Medicine Buddha of Vaidurya Light.

jung wa chen po truk par gyur pa la
Antidote to diseases from disturbances of the elements,

ne kyi nyen po chak ye a ru ra
Such as wind, bile, phlegm, and their combinations.

ku dok ting ka udpala ngön po dra
The color of your body is blue, the blue of an utpala flower.

duk sum ne sel sang gye men gyi la
We prostrate to you who cure the disease of the three poisons,

nye pa gya tso dak ni shir pang ne
You gave up oceans of faults, from their base.

tam che khyen pa lha yi lhar gyur pa
We prostrate to Vaidurya Light,

mön lam gya chen yong su dak gyur pay
Your vast aspirations are perfectly pure.

duk sum ne sel sang gye men gyi la
We prostrate to you who cure the disease of the three poisons,

tap khe tuk je sha kyay rik su trung
Through skill and compassion you took birth in the Shakya clan,

men pay kyal po khyö la chak tsal lo
We prostrate to you, the King of Medicine.

chak yön dü tsiyi men gyi lhung se nam
Your left hand holds a bowl of medicinal nectar.

vai dur yay ö la chak tsal lo
Medicine Buddha of Vaidurya Light.

yön ten gya tso dak gi pa röl sön
You mastered oceans of good qualities, to their far shores.

vai dur yay ö la chak tsal lo
The All-Knowing One, the God of Gods.

yi shin nor bu ta bur shen dön dze
You accomplish others' aims like a wish-fulfilling jewel.

vai dur yay ö la chak tsal lo
Medicine Buddha of Vaidurya Light.

shen kyi mi tup dü kyi pung jom pa
You conquered Mara's forces while others could not.

ser gyi lhün po ta bur ji pay ku
Your body resplendent as a golden Mount Meru,

shakyay gyal po de la chak tsal lo
We prostrate to the King of the Shakyas.

Then, praises to the three jewels and retinue, which is the practice of the visual tradition. Prostrate as you recite:

ma rik mün sel drön mey chok
Supreme lamps to dispel the darkness of ignorance,

duk ngal ne sel men gyi pül
Superb medicine to cure the disease of suffering,

dam chö kön chok tam che la
To all the pure Jewels of Dharma:

chag tsal chö ching kyap su chi
We prostrate, make offerings, and go for refuge.

shön nuy ku lü chang wang po
Lord in a youthful bodily form,

ye she drön me rap gyan ching
Adorned with the lamp of wisdom,

jig ten sum gyi mün sel wa
You dispel the darkness of the three worlds:

jam pal yang la chak tsal lo
To Manjushri, we prostrate.

dro druk jik pa gye le kyop dze ching
A protector from the eight dangers of the six realms,

khor way gya tso che le dröl way dru
A ship to carry us free of the great ocean of samsara,

nya ngan de sar chin pay de pön chok
The supreme captain taking us to a place beyond sorrow:

sem pa kyap dröl dze la chak tsal lo
To Bodhisattva Kyabdrol, we prostrate.

chang lo chen gyi ne chok dam pa ne
From the sacred land of Adakavati,

sang ngak rik ngak kün gyi dak po te
Lord of all the classes of tantra and mantra,

A Concise Ritual of Offering to the Seven Tathagatas — 69

lok dren gek kyi tsok nam jom dze pa
Destroyer of the hosts of obstructers that lead us astray:

chom den dor je nam la chak tsal lo
To the Bhagavan who holds the vajra, we prostrate.

tsang dang gya jin gyal po chen po shi
Brahma, Indra, and the Four Great Kings,

rang rang de che tu dang pal den pa
Each with their retinues, possessed of strength and glory:

tön pay dam chö kyong war dze pa yi
To the upasaka devas who serve to protect

lha yi ge nyen nam la chak tsal lo
The pure Dharma of our Teacher, we prostrate.

de shek ten pa sung way ge nyen chok
The supreme upasakas who guard the Sugata's teachings

jik pay suk dang ngam pay cha luk chen
Terrifying in form, awe-inspiring in attire,

dün bum khor gyi kor way chu nyi po
Each surrounded by a retinue of 700,000,

nö jin de pön nam la chak tsal lo
To the twelve yaksha generals, we prostrate.

Then make whatever offerings you have to the noble gathering as you recite:

pak pay tsok de dak tam che la chö yön dang chuk pa   me tok dang duk pö
We make offerings and venerate all these assemblies of noble ones, with these actual offering

mar me dang shel se   röl mo dang sil nyen   duk dang ba den la sok pa ngö su
objects, such as oil for anointing, flowers, incense, lamps, food, music, cymbals, parasols, and

chi jor pa de dak dang   chok chu na dak poy yong su ma sung way lha dang miyi
banners, as well as everything excellent in the ten directions that gives delight and is not claimed

dze dam pa de way yo che pün sum tsok pa tam che dang   sung dang rik pay tu
by any owner, made of the very best of celestial and human materials. We fill all the endless skies

དང་མོས་པའི་སྟོབས་ཀྱིས་བསྐྱེད་པའི་མཆོད་སྤྲིན་བཟང་པོར་སྤྱོད་པའི་སྨོན་ལམ་ལས་བྱུང་བ་རྒྱ་

dang mö pay top kyi kye pay chö trin sang por chö pay mön lam le jung wa gya

with oceans of clouds of offerings arising from the *Aspiration for Excellent Conduct,* produced by

མཚོ་ཐམས་ཅད་ཀྱིས་ནམ་མཁའི་མཐའ་ཀླས་པ་ཐམས་ཅད་བཀང་སྟེ་འབུལ་ལོ། །མཆོད་དོ། །བདག་ཅག་

tso tam che kyi nam khay ta le pa tam che kang te bül lo   chö do   dak chak

dharani, the power of the mind, and the strength of our aspirations, and these we offer. We fully

རྣམས་ཀྱིས་ཐོག་མ་མ་མཆིས་པ་ནས་འཁོར་བ་ན་འཁོར་བའི་ཚེ་རབས་ཐམས་ཅད་དུ་སྡིག་པ་མི་དགེ་

nam kyi tok ma ma chi pa ne khor wa na khor way tse rap tam che du dik pa mi ge

confess all the unvirtuous misdeeds we have committed in all our lifetimes, while cycling through

བའི་ལས་མདོར་ན་མི་བྱི་བར་འོས་པའི་ལས་ནི་བྱིས། བྱི་བར་འོས་པའི་ལས་མ་བྱིས་པ་ལ་སོགས་པ་

way le dor na mi gyi war ö pay le ni gyi   gyi war ö pay le ma gyi pa la sok pa

samsara since beginningless time: in short, doing what ought not to be done and not doing what

དངོས་སྡིག་ཅི་མཆིས་པ་ཐམས་ཅད་ཡང་དག་པར་འཆགས་སོ། །དུས་གསུམ་གྱི་འཕགས་པ་དང་སོ་སོའི་

ngö dik chi chi pa tam che yang dak par chak so   dü sum gyi pak pa dang so soy

ought to be done, and all the misdeeds we ourselves have committed. We rejoice in all the merit

སྐྱེ་བོའི་དགེ་བ་མཐའ་དག་གི་བསོད་ནམས་ཐམས་ཅད་ལ་རྗེས་སུ་ཡི་རང་ངོ་། །ཕྱོགས་བཅུའི་རྒྱལ་བ་

kye woy ge wa ta dak gi sö nam tam che la je su yi rang ngo   chok chuy gyal wa

produced by all the virtuous acts done in the three times by the noble ones and by ordinary beings.

ཐམས་ཅད་ཆོས་ཀྱི་འཁོར་ལོ་བླ་ན་མེད་པ་བསྐོར་བར་བསྐུལ་ལོ། །འཇིག་རྟེན་གྱི་སྒྲོན་མེ་གང་དག་

tam che chö kyi khor lo la na me pa kor war kül lo   jik ten gyi drön me gang dak

We exhort all the conquerors in the ten directions to turn the unsurpassable wheel of Dharma.

མྱ་ངན་ལས་འདའ་བའི་ཚུལ་སྟོན་པར་བཞེད་པ་དེ་དག་ཐམས་ཅད་ལ་མྱ་ངན་ལས་མི་འདའ་བར་

nya ngen le da way tsul tön par she pa de dak tam che la nya ngen le mi da war

We beseech all those lamps of the world wishing to display the deed of passing into nirvana to

འཇིག་རྟེན་གྱི་དོན་མཛད་ཅིང་ཡུན་རིང་དུ་བཞུགས་སུ་གསོལ་བར་འཚལ་ལོ། །

jik ten gyi dön dze ching yün ring du shuk su söl war tsal lo

engage in deeds benefitting the world without passing into nirvana, and to remain long.

ཞེས་བརྗོད་ལས་འཕགས་པ་གདན་འཛོམས་པའི་མཆོད་པ་ཅི་འབྱོར་བ་བྱ།

Then:

དེ་བཞིན་གཤེགས་པ་དགྲ་བཅོམ་པ་ཡང་དག་པར་རྫོགས་པའི་སངས་རྒྱས་བདུན་དང་། སྟོན་པ
de shin shek pa dra chom pa yang dak par dzok pay sang gye dün dang   tön pa
By invoking the seven tathagatas, arhats, completely perfect buddhas and the Teacher, the

བཅོམ་ལྡན་འདས་དཔལ་ཤཱཀྱ་ཐུབ་པ་འཁོར་དང་བཅས་པ་སྤྱན་དྲངས་ཏེ་མཚན་ནས་བརྗོད་ཅིང་
chom den de pal shakya tup pa khor dang che pa chan drang te tsen ne jö ching
Glorious Bhagavan Shakyamuni, together with their retinues, and then reciting their names,

ཕྱག་འཚལ་བ་དང་། མཆོད་ཅིང་དེ་དག་གི་སྨོན་ལམ་བཏབ་པ་དང་། དེ་དག་གི་སྤྱན
chak tsal wa dang   chö ching de dak gi mön lam tap pa dang   de dak gi chen
making prostrations and offerings; by making the same aspirations as they did;

སྔར་སྡིག་པ་བཤགས་པ་དང་། དགེ་བ་ལ་རྗེས་སུ་ཡི་རང་བ་དང་། ཆོས་ཀྱི་འཁོར་ལོ་བསྐོར
ngar dik pa shak pa dang   ge wa la je su yi rang wa dang   chö kyi khor lo kor
by confessing our misdeeds in their presence; rejoicing in virtue; requesting them to turn the wheel

བར་བསྐུལ་ཞིང་མྱ་ངན་ལས་མི་འདའ་བར་གསོལ་བ་བཏབ་པ་དང་། དེ་དག་གི་མཐུ་དཔལ་དང་
war kül shing nya ngen le mi da war söl wa tap pa dang   de dak gi tu pal dang
of Dharma and not to pass into parinirvana; and by their splendid strength and the power of their

བྱིན་རླབས་ཀྱི་སྟོབས་ཀྱིས། བདག་ཅག་ཐོག་མ་མ་མཆིས་པའི་འཁོར་བ་ནས་བསགས་པའི་སྡིག་པ་དང་
jin lap kyi top kyi   dag chag tok ma ma chi pay khor wa ne sak pay dik pa dang
blessings, may all the misdeeds and obscurations we have accumulated in beginningless samsara

སྒྲིབ་པ་ཐམས་ཅད་བྱང་ཞིང་དག་པར་གྱུར་ཅིག །ལུས་ལ་ནད་མེད་པ་དང་ཚེ་རིང་བར་གྱུར
drip pa tam che jang shing dak par gyur chik   lü la ne me pa dang tse ring war gyur
be cleansed and purified. May our bodies be free of disease and our lives long.

ཅིག །འཇིག་རྟེན་དང་འཇིག་རྟེན་ལས་འདས་པའི་དཔལ་ཕུན་སུམ་ཚོགས་པ་ལ་མངའ་བརྙེས་པར་གྱུར་ཅིག །
chig   jik ten dang jik ten le de pay pal pun sum tsok pa la nga nye par gyur chik
May we be possessed of abundant riches, mundane and supramundane. Finally, may we complete

མཐར་ཚོགས་གཉིས་ཡོངས་སུ་རྫོགས་ནས་རྡོ་རྗེའི་སྐུ་ཆོས་ཀྱི་རྒྱལ་པོ་སངས་རྒྱས་བཅོམ་ལྡན་འདས་ཀྱི
tar tsok nyi yong su dzok ne dor jey ku chö kyi gyal po sang gye chom den de kyi
the two accumulations and attain a vajra body, the state of a buddha bhagavan, a king of Dharma.

གོ་འཕང་བརྙེས་པར་གྱུར་ཅིག །ཡུལ་ཁམས་ཐམས་ཅད་དུ་ཡང་མི་ནད་དང་ཕྱུགས་ནད་དང་ལོ་
go pang nye par kyur chik   yül kham tam che du yang mi ne dang chuk ne dang lo
Throughout all countries, may there be no human diseases, animal diseases, crop failure, harm by

ཉེས་པ་དང་དགྲའི་གནོད་པ་ལ་སོགས་པ་བགྲ་མི་ཤིས་པའི་བག་ཅེ་ཡང་མི་འབྱུང་བར་གྱུར་ཅིག །

nye pa dang dray nö pa la sok pa dra mi shi pay pak chi yang mi jung war gyur chik

enemies, nor the slightest misfortune of any other kind.

ཆར་ཆུ་དུས་སུ་བབས་ཏེ་ལོ་ཕྱུགས་འཕེལ་ཞིང་རྒྱས་པ་དང་། བདེ་སྐྱིད་ཀྱི་དཔལ་ཕུན་སུམ་ཚོགས་

char chu dü su bap te lo chak pel shing gye pa dang   de kyi kyi pal pun sum tsok

May the rains come on time. May crops and livestock flourish and increase, and may there be an

པ་དང་ལྡན་པར་གྱུར་ཅིག །སེམས་ཅན་ཐམས་ཅད་ཀྱང་བདེ་བ་དང་ལྡན་ཏེ།

pa dang den par gyur chik   sem chen tam che kyang de wa dang den te

abundance of excellent delight. May all beings be happy. May they take birth in the pure land of

ཞིང་ཁམས་དེ་དག་ཏུ་སྐྱེས་ནས་དེ་བཞིན་གཤེགས་པ་དེ་དག་གི་གདམས་ངག་ཐོབ་སྟེ་ཚོགས་གཉིས་

shing kham de dak tu kye ne de shin shek pa de dak gi dam ngak top te tsok nyi

Sukhavati and receive instructions from the tathagatas, and then may they complete the two

རྫོགས་ནས་སངས་རྒྱས་པར་གྱུར་ཅིག །ཁྱད་པར་དུ་ཡང་དམ་པའི་ཆོས་ཡུན་རིང་དུ་གནས་

dzog ne sang gye par gyur chik   khye par du yang dam pay chö yün ring du ne

accumulations and awaken as buddhas. And especially, may the pure Dharma remain long and

ཤིང་རྒྱས་པར་གྱུར་ཅིག །

shing gye par gyur chik

flourish.

དེ་ནས་བཟོད་པར་གསོལ་ཏེ། ཞེ་གེ་མོས།

After that, request forgiveness:

བདག་ཅག་ལ་སོགས་པ་འགྲོ་བ་མང་པོའི་དོན་མཛད་པར་གསོལ་བའི་སྐབས་འདིར་

[state your name] **dak chak la sok pa dro wa mang poy dön dze par söl way kap dir**

On this occasion when we are requesting you to act for the benefit of ourselves and many other

བདག་ཅག་དུས་ངན་པའི་སེམས་ཅན་སྤྱོད་པ་དམན་ཞིང་མ་དག་པའི་མ་འཚལ་བ་དང་།

dak chak dü ngen pay sem chen chö pa men shing ma dak pay ma tsal wa dang

beings, I [state your name] ask the forgiveness of you noble ones of great compassion for all the

ལུས་ངག་ཡིད་གསུམ་ཉོན་མོངས་པ་དང་འདྲེས་པ་དང་། མཆོད་པའི་དངོས་པོ་ཆུང་ཞིང་

lü ngak yi sum nyön mong pa dang dre pa dang   chö pay ngö po chung shing

mistakes and errors committed due to the base and impure conduct of us beings of inferior times,

དམན་པ་དང་། གཙང་སྦྲ་མ་བྱེད་པ་དང་། མདོ་ལས་བྱུང་བའི་ཆོ་ག་བཞིན་དུ་མ་
men pa dang   tsang dra ma che pa dang   do le jung way cho ga shin du ma
such as mixing body, speech, and mind with the kleshas, offering objects that were too few or

ཕྱོགས་པ་ལ་སོགས་པ་འཁྲུལ་ཞིང་ནོངས་པ་ཐམས་ཅད་འཕགས་པ་ཐུགས་རྗེ་ཆེན་པོ་དང་ལྡན་པ་
chok pa la sok pa trül shing nong pa tam che pak pa tuk je chen po dang den pa
inferior, not cleaning, and being unable to perform the ritual as stated in the sutra. Please regard us

རྣམས་ལ་བཟོད་པར་གསོལ་ཞིང་མཆིས་ན། ཐུགས་བརྩེ་བས་དགོངས་ཏེ་བཟོད་པར་བཞེས་ཤིང་འཕྲལ་དང་
nam la sö par söl shing chi na   tuk tse way gong te sö par she shing trel dang
with affection, and forgive us. We request that you grant your blessings that we be free of

ཡུན་དུ་བདག་ཅག་གི་སྒྲིབ་པར་མི་འགྱུར་བར་བྱིན་གྱིས་བརླབ་ཏུ་གསོལ།
yün du dak chak gi drip par mi gyur war jin gyi lap tu söl
obscurations now and hereafter.

དེ་ནས་རྗེས་ལ་གཤེགས་གསོལ་ཏེ།

Next, the invitation to come again later:

མགོན་པོ་ཐུགས་རྗེ་ཆེན་པོ་དང་ལྡན་པ་ཁྱེད་རྣམས་ཀྱིས་བདག་ཅག་དང་སེམས་ཅན་ཐམས་
gön po tuk je chen po dang den pa khye nam kyi dak chak dang sem chen tam
Protectors of Great Compassion, acting for our welfare and that of all sentient beings, please

ཅད་དོན་མཛད་ལགས་ཀྱིས། སོ་སོའི་ཞིང་ཁམས་སུ་འཁོར་དང་བཅས་པ་གཤེགས་སུ་གསོལ། །
che dön dze lak kyi   so soy shing kham su khor dang che pa shek su söl
proceed to your respective realms with your retinues, and then please return again, out of

སླར་ཡང་སེམས་ཅན་དོན་ལ་ཐུགས་རྗེས་འབྱོན་པར་ཞུ།
lar yang sem chen dön la tuk je jön par shu
compassion, for the welfare of sentient beings.

དེ་ནས་བཟོད་སྦྱོང་ཆར་རེ་འདོན་པ་ལགས་ལེན་ཡིན་ཅིང་། ཉིན་ཆོག་ཆར་གཏུག་ཡིན་ན་མཎྜལ་དང་མཆོད་པ་བསྔོ། ཡང་ཉིན་རེ་ཆོག་ཆར་གཞིན་གསུམ་སོགས་དང་སྨན་ཆོག་ཁག་སྒྲུབ་ཡིན་ན་མ་གྲོལ་བར་མཐའ་རྟེན་གར་བཤམས་ནས་མཆོད་པ་རྣམས་བཞེས། དེ་བཞིན་གཤེགས་པ་བདུན་མཆོད་པའི་ཆོག་བསྡུས་ཏེ་དུ་བསྐུལ་དབོད་བྱེད་སྡུ་མཛད་པའི་གཞུང་སོར་བཞག་ལ། ཞལ་འདོན་རྣམས་རྒྱལ་ཚབ་རིན་པོ་ཆེན་མཆན་བྱུར་མཛད་པ་རྣམས་དགུར་སུ་བཏུགས་ཏེ་ཀི་ཆོག་གི་ཕྱག་ལེན་སྲུར་བྱུར་པ་ དོན་མཆིས་ན་བཟོད་པར་འཆགས་ཤིང་། དགེ་བ་མཆིས་ན་བསྒྲུབ་འགྲོའི་དོན་དུ་བསྔོ་བར་བགྱིའོ། །ཞེས་རྗེ་ཐམས་ཅད་མཁྱེན་པ་དཀོན་མཆོག་ཀྱི་དབང་ཕྱུག་གིས་ལེགས་པར་བསྒྲིགས་ནས་སྔར་དུ་བཀོད་པ་ལ་འགལས་ཅུང་ཟད་ཡོད་པ་དང་ཁ་འཕངས་དག་དང་ཞིབ་བགོས་རྣམས་བཅོས་ནས་སླར་ཆོག་བསྒྲིགས་སུ་བྱིས་པ་ཀཾ་རྡུགས་སོ། །རྨན་བླའི་ཕན་བསྡར་ཡོན་ཏན་བསམས། མཐའ་ཡས་སྨིན་ཏུ་འབྱིན་ཆོག་བྱུར་དགུས་དང་དགུ་བགོད། དའི་མདུན་དུ་ཡུ་བགོས་བཀྱུར་དང་མར་མེ་བཀྱུར་དང་ཏེ་བདུན་ཡོན་ཆབ་བསམས། རོལ་མོ་མཆོད་རོལ་བསྣམས་སུ་བྱེད་པའོ།། །མངྒ་ལཾ།། །ཤཱུ་བྷཾ།། །།

After that, the practice is to recite the Aspiration of Excellent Conduct *each time. If the practice is done in one session daily, dismantle the mandala and offerings. Otherwise, if the practice is done two, three, or more times daily as an ongoing retreat, do not dismantle the mandala, but leave it as is and change the offerings.*

This concise ritual of offering to the seven tathagatas is based on the system of Acharya Bodhisattva (Shantarakshita), incorporating the annotations of Gyaltsap Rinpoche, and applied as in the Kamtsang practice. Please forgive any mistakes. If there is any virtue, it is dedicated for the sake of the teachings and beings.

The above was compiled by the sixth All-Knowing Lord (Shamarpa) Chökyi Wangchuk, and then slight damage to the woodblocks was corrected, and references and requisites were inserted. It was prepared for ease of recitation by Karma Araga (Chakme).

Set up any thangkas or statues of Medicine Buddha you have. On top of a mandala, place eight heaps of grain and one in the middle, for a total of nine. In front of that, set up eight offering cakes, eight lamps, and place offering water in seven bowls. Rolmo cymbals are played at the time of the music offering.

Mangalam bhavatu. Shubham.

A Ritual of Offerings to the Gurus

བླ་མ་མཆོད་པའི་ཆོ་ག་ཞེས་བྱ་བ་བཞུགས་སོ། །

རྒྱ་གར་སྐད་དུ། གུརུཔཱུཛཱགཎནཱམ། བོད་སྐད་དུ། བླ་མ་མཆོད་པའི་ཆོ་ག་ཞེས་བྱ་བ། དཔལ་དགྱེས་པ་རྡོ་རྗེ་ལ་ཕྱག་འཚལ་ལོ། །

དེ་ཡང་ཡོན་ཏན་རིན་པོ་ཆེ་སྒྲུབ་པ་ལས། སངས་རྒྱས་ཆོས་རྣམས་དགེ་བའི་བཤེས་ལ་བསྟེན་ཏོ་ཞེས། ཡོན་ཏན་ཀུན་གྱི་མཆོག་མངའ་རྒྱལ་བས་དེ་སྐད་གསུངས། །

ཞེས་དང་། རྡོ་པོ་བཀའ་གདམས་པའི་ཞལ་ནས།
    མན་ངག་ཐམས་ཅད་བསྡུས་པའི་མགོ་ནི། །
    བཤེས་གཉེན་དམ་པ་མི་བཏང་བ་ཡིན། །
    དེ་ལས་དད་པུང་རྒྱལ་སེམས་སོགས། །
    ཡོན་ཏན་ཀུན་འབྱུང་ཀུན་གྱི་གཞིར་ཡིན། །

ཞེས་དང་། དགས་པོ་རིན་པོ་ཆེས། བླ་མའི་བྱིན་རླབས་ཞིག་མ་ཞུགས་ན། སེམས་ཉིད་འདི་བསླབས་པས་མི་མཐོང་། བཟུང་བས་མི་ཟིན། བགག་པས་མི་ཞིགས། རང་གི་སྙང་བ་འདི་ཡང་སྦྱངས་པས་མི་སྦྱོང་། བཤིག་པས་མི་ཤིགས། དེ་བས་ན། ཆོགས་གསོག་པར་འདོད་པ་དང་། སྒྲིབ་པ་སྦྱང་བར་འདོད་པ་དང་། བར་ཆད་ཞི་བར་འདོད་པ་དང་། རྟོགས་པ་རྒྱུད་ལ་སྐྱེ་བ་དང་། སྐྱོན་ཟིལ་གྱིས་གནོན་པར་འདོད་པ་དང་། རང་གཞན་གྱི་དོན་ཡོངས་སུ་རྫོགས་པར་འདོད་པ་རྣམས་ཀྱིས། བླ་མ་ཁོ་ལ་བསྟེན་བཀུར་བྱ་ཞིང་། གསོལ་བ་འདེབས་པ་གཅིག་པུ་ལས་མེད། ཅེས་དང་།

རྟོགས་ཚིགས་ལས། ཕྱགས་རྗེ་ཆེན་པོ་རང་དགར་གནད་དགར། རྗེ་བཙུན་མ་རང་དམར་གནད་དམར། གྱི་རྟོ་རྗེ་དང་སྒྲོ་ཞལ་སྒྲོ། དབེ་གད་དུ་འདུག་གུང་བླ་མའི་སྙང་བ་དང་། ཕྲལ་བས་ཆོ་གའི་གི་སངས་རྒྱས་དེ་ཡོང་ཡོང་འདུག ཞེས་གསུངས་པའི་ཕྱིར། འདི་ཡི་ལེགས་ཆོགས་ཐམས་ཅད་ཀྱི་གཞི་མ། ལམ་ཐམས་ཅད་ཀྱི་རྩ་བ། བོགས་འདོན་ཀུན་གྱི་མཆོག་གྱུར། མཚོན་མཐོ་དང་དེས་ལེགས་ཀྱི་དེད་དཔོན། མན་ངག་ཐམས་ཅད་ཀྱི་འབྱུང་གནས་ནི་བླ་མ་དགེ་བའི་བཤེས་གཉེན་ཉིད་ཡིན་ཅིང་། ད་ལྟ་རྒྱ་མཚན་ཞེས་པས་རྒྱལ་བཞིན་བོས་གསུང་བྱིན་ཆོས་ཉིད་ཀྱི་དོན་ཡང་མཐོང་བར་འགྱུར་ཏེ། རྒྱུད་བླ་མ་ལས།
    རང་བྱུང་རྣམས་ཀྱི་དོན་དམ་དེ། །
    དད་པ་ཉིད་ཀྱིས་རྟོགས་བྱ་ཡིན། །

ཞེས་སོ། །དེ་ལྟར་ན་དགེ་ལེགས་ཀུན་གྱི་རྩ་བ་བླ་མ་མཆོད་པའི་ཞམས་ལེན་ལ་འབད་པར་བྱའོ། །དེའི་ཚུལ་ནི།
    ས་གཞི་གཞན་པས་བཀོད་པ་བསྒྲུབ། །
    ཆོགས་ཞིང་སྤྱན་དྲངས་བྱིན་ལེགས་བྱ། །
    ཁྲུས་གསོལ་སྐུ་ཕྲི་རྒྱན་སྒྱུབས་འབུལ། །
    ཕྱག་འཚལ་མཆོད་བསྟོད་སྡིག་པ་བཤགས། །
    རྗེས་སུ་སེམས་ཡི་རང་ཆོས་འཁོར་བསྐུལ། །
    བཞུགས་གསོལ་སྒྱོ་བ་བསྒྱུ་ཞེས་ཏེ། །
    ཆོས་སྤྱོད་ཡན་ལག་ཅེ་པུའོ། །

ཞེས་པ་བཞིན་བྱ་བ་ལ།

In Sanskrit: *Gurupūjakalpanāma*
In Tibetan: *bla ma mchod pa'i cho ga zhes bya ba*
In English: *A Ritual of Offerings to the Gurus*

I prostrate to the glorious Lion of the Shakyas.

From *The Collection of Precious Qualities:*

> "The Buddha's qualities depend on spiritual friends,"
> Thus spoke the Victor, who has the best of all good qualities.

In the words of the Kadampa lords:

> The first of all instructions
> Is not to abandon the exalted friend.
> He is the source and treasury of
> All qualities such as faith and bodhichitta.

Dakpo Rinpoche said, "If you do not receive the guru's blessings, you will look at the mind essence but not see it. You will grasp but not get it. You will block but not stop it. You will get rid of but not be rid of your perceptions, and smash but not destroy them. Therefore for those who want to gather the accumulations, purify obscurations, pacify obstacles, generate realization, overcome appearances, and perfectly benefit themselves and others, there is nothing to do but serve and supplicate the guru alone."

Mokchokpa said, "Great Compassion, if you're white, you're white. Vajrayogini, if you're red, you're red. Hevajra, if you're blue, you're blue. Wherever I am, I'm never separate from the appearance of my guru, so it seems that buddhahood in a single lifetime is on its way."

Thus the ground of all excellence in this and future lives, the root of all paths, the best means of progress, the guide to higher rebirth and liberation, and the source of all instruction is the guru, the spiritual friend. If you know the reasons why this is so and have appropriate devotion, you will see the meaning of dharmata.

From *The Supreme Continuum:*

> The ultimate of the self-arisen
> Is realized only through faith.

Therefore strive in the practice of offering to the gurus, the root of all virtue and excellence.

The way to do so is:

Bless the ground, palace, and offerings.
Invite the field of accumulation and welcome it.
Offer ablution, drying, adornment, and anointment.
Prostrate, make offerings, praise, and confess wrongdoing.
Take refuge, generate bodhichitta, rejoice, and request the wheel of Dharma.
Request that they remain, dedicate, and declare auspiciousness.

These are the twenty branches of Dharma practice.

A Ritual of Offerings to the Gurus

To perform them, first take refuge and generate bodhichitta according to the tradition of Lord Atisha:

sang gye chö dang tsok kyi chok nam la / jang chup bar du dak ni kyap su chi
Until enlightenment, I go for refuge / To the Buddha, Dharma, and the supreme Sangha.

dak gi jin sok gyi pa di dak gi / dro la pen chir sang gye drup par shok
By acting generously and so forth, / May I become a buddha to help beings.

Blessing the ground and palace:

kön chok sum gyi den pa dang   jin lap dang   tsok nyi yong su dzok pay tu dang
Through the power of the truth of the Three Jewels and their blessing; through the power of the

chö kyi ying kyi rang shin gyi yön ten dang   jang chup sem pa nam kyi shing dak
completion of the two accumulations; through the power of the natural qualities of the

pay jor wa la sok pa sang gye kyi shing yong su jang pay tu dang   dak chak nam
dharmadhatu; through the power of the purification of buddha realms, such as the preparation of

kyi mö pay tu le ne di sang gye kyi shing tam che kyi gyen dang kö pa dang
pure realms by bodhisattvas; and through the power of our imagination, may this place have all the

yön ten pun sum tsok pa tam che dang den par gyur te   sa shi rin po che na tsok
adornments, features, and excellent qualities of buddha realms. The ground of various jewels is as

kyi rang shin lak til tar nyam pa   ta dru che wa   yang pa   rek na jam shing de wa
even as the palm of a hand, broad and vast, soft and pleasant to the touch, unsullied and

དྲི་མ་མེད་ཅིང་འོད་གསལ་བ། ཙན་དན་སྦྲུལ་གྱི་སྙིང་པོའི་དྲི་བསུང་དང་ལྡན་པའི་ལྷའི་
dri ma me ching ö sal wa   tsen den drul gyi nying poy dri sung dang den pay lhay
luminous. Colorful divine flowers that give off the fragrance of snake-heart sandalwood are

མེ་ཏོག་སྣ་ཚོགས་ཀྱིས་གཅལ་དུ་བཀྲམ་པ། མཐའ་རིན་པོ་ཆེའི་པ་གུས་བཙིགས་པ། གསེར་དང་། དངུལ་
me tok na tsok kyi chal du tram pa   ta rin po chey pa gü tsik pa   ser dang   ngul
scattered evenly over it. Bordered by bricks made of jewels and sprinkled with powdered gold,

དང་། མུ་ཏིག་གི་ཕྱེ་མ་གྲམ་བུར་བདལ་བ། ཨུཏྤལ་དང་། ཀུ་མུད་དང་། པདྨ་
dang   mu tik gi che ma dram bur dal wa   ut pal dang   ku mü dang   pe ma
silver, and pearl, it is covered with lithe and graceful flowers such as utpalas, kumudas, and lotuses.

འགྱིང་ཞིང་ལྡེམ་པས་ཁེབས་པར་གྱུར་ཅིང་། ཆུ་བྱ་སྣ་ཚོགས་སྐད་སྙན་པར་སྒྲོགས་པས་
gying shing dem pay khep par gyur ching   chu cha na tsok ke nyen par drok pay
It is beautified by lakes, ponds, and pools filled with water possessing the eight qualities,

དགའ་ཞིང་འཕྱོ་ལ་ལྡིང་བས་བརྒྱན་པའི་ཡན་ལག་བརྒྱད་དང་ལྡན་པའི་མཚོ་དང་རྫིང་དང་
ga shing cho la ding way gyen pay yen lak gye dang den pay tso dang dzing dang
where water fowl swim and float with delight, giving forth their sweet calls. Bejeweled

ལྟེང་ཀ་དག་གིས་མཛེས་པར་བྱས་པ། རིན་པོ་ཆེའི་དཔག་བསམ་གྱི་ཤིང་ལྗོན་པ། ལྷའི་ནོར་བུ་
teng ka dak gi dze par che pa   rin po chey pak sam gyi shing jön pa   lhay nor bu
wish-fulfilling trees are hung with divine gems, strings of pearls, and jewels,

དང་། མུ་ཏིག་གི་རྒྱན་ཕྲེང་དང་། རིན་པོ་ཆེ་དཔྱངས་པ་དང་། མེ་ཏོག་གི་མགོ་ཕྱོག་
dang   mu tik gi gyen treng dang   rin po che chang pa dang   me tok gi go chok
and bent with budding flowers and lovely, fresh, ripe fruits.

དང་འབྲས་བུ་མཛེས་པར་ཆགས་པས་གཡུར་ཟ་ཞིང་ལྡེམ་པ། གསེར་གྱི་དྲིལ་བུ་གཡེར་ཁ་འཁྲོལ་བ་
dang dre bu dze par chak pay yur sa shing dem pa   ser gyi dril bu yer kha trol wa
Strings of golden bells ring out the sound of genuine Dharma.

ལས་དམ་པའི་ཆོས་ཀྱི་སྒྲ་འབྱུང་བ་དང་ལྡན་པ་ཚར་དུ་སྒྲིགས་པས་ལེགས་པར་བརྒྱན་པའི་
le dam pay chö gyi dra jung wa dang den pa tsar du dreng pay lek par gyen pay
Upon this formally arranged and finely adorned ground is a great palace,

ས་གཞི་ལ། གཞལ་མེད་ཁང་ཆེན་པོ་རིན་པོ་ཆེ་སྣ་བདུན་མཆོག་ཏུ་འབར་བ་བཀོད་པ་འཇིག་རྟེན་
sa shi la   shal me khang chen po rin po che na dün chok tu bar wa kö pa jik ten
blazing greatly with the seven jewels.

A Ritual of Offerings to the Gurus

gyi kham pak tu me pa gye par geng pay ö ser chen po rap tu jung wa   ne ta de
Their great light-rays utterly fill innumerable world-realms.

pa shin tu nam par che wa ta ye pa nam par ne pa   gya yong su ma che pa
The palace has countless distinct features and is of immeasurable vastness.

kham sum le yang dak par de pay chö yul jik ten le de pa deyi la may ge way tsa
It is a place that perfectly transcends the three realms. It utterly transcends the world.

wa le jung wa   shin tu nam par dak ching wang gyur way nam par rik pay tsen nyi
It has arisen from supramundane roots of virtue. It is utterly pure and has the character of

de shin shek pay ne   jang chup sem pay gen dün dang den pa   lha dang
masterful awareness. It is the abode of the tathagatas. It has the Sangha of bodhisattvas.

lu dang   nö jin dang   dri sa dang   lha ma yin dang   nam kha ding dang
Innumerable gods, nagas, yakshas, gandharvas, asuras, garudas, kinnaras, great serpents,

mi'am chi dang   to che chen po dang   mi dang mi ma yin pa ta ye pa nam par
humans, and non-human beings move about within it.

gyu wa chö kyi royi ga wa dang   de wa chen poy ten pa   sem chen tam che kyi
It is founded on the joy and great bliss of the taste of Dharma. It is a place where all beings' benefit

dön tam che yang dak par top par che pay nye war ne pa   nyön mong pay nö
is perfectly accomplished. It is free from the stain of any harm by kleshas.

pay dri ma tam che dang dral wa   dü tam che yong su pang pa   tam che kyi kö
All maras have been vanquished there. It has the array of the tathagatas,

པ་ལས་ལྷག་པའི་དེ་བཞིན་གཤེགས་པའི་བཀོད་པའི་གནས། དྲན་པ་དང་བློ་གྲོས་དང་རྟོགས་པ་ཆེན་
pa le lhak pay de shin shek pay kö pay ne   dren pa dang lo drö dang tok pa chen
features superior to all others. It is emancipation through great recollection, intelligence,

པོས་ངེས་པར་འབྱུང་བ། ཞི་གནས་དང་ལྷག་མཐོང་གི་བཞོན་པ་ཡིན་པ། རྣམ་པར་ཐར་པའི་
poy nge par jung wa   shi ne dang lhak tong gi shön pa yin pa   nam par tar pay
and realization. It is the mount on which shamatha and vipashyana ride. It is entered by

སྒོ་སྟོང་པ་ཉིད་དང་། མཚན་མ་མེད་པ་ཉིད་དང་། སྨོན་པ་མེད་པ་ནས་འཇུག་པ། རིན་པོ་
go tong pa nyi dang   tsen ma me pa nyi dang   mön pa me pa ne juk pa   rin po
the gates of liberation—emptiness, absence of attributes, and absence of wishes.

ཆེ་པད་མའི་རྒྱལ་པོ་ཡོན་ཏན་མཐའ་ཡས་པས་བརྒྱན་པའི་བཀོད་པ་ལ་བརྟེན་པའི་གཞལ་མེད་ཁང་
che pe may gyal po yön ten ta ye pay gyen pay kö pa la ten pay shal me khang
In the center of a great palace supported by a precious king of lotuses decorated with infinite

ཆེན་པོར་གྱུར་པའི་དབུས་སུ། པད་མའི་གདན་རིན་པོ་ཆེ་སེང་གེའི་ཁྲིའི་སྟེན་ལ། སྟོན་པ་བཅོམ་
chen por gyur pay ü su   pe may den rin po che sen gey triy ten la   tön pa chom
qualities there are lotus seats atop lion thrones. On them are the Teacher—the Bhagavan

ལྡན་འདས་ཤཱཀྱ་ཐུབ་པ་ལ་འཁོར་སྐྱེས་མཆོག་དམར་མི་དྭགས་གསུམ་སོགས་འཕགས་བོད་ཀྱི་མཁས་གྲུབ་
den de sha kya tup pa la khor kye chok mar mi dak sum sok pak bö kyi khe drup
Shakyamuni—and a retinue of great masters from India and Tibet, including Marpa, Milarepa,

རྣམས་དང་། གྲུབ་ཆེན་ཁྱུང་པོ་རྣལ་འབྱོར་སོགས་གསེར་ཆོས་ཀྱི་བཀའ་བབས། མེས་རྔོག་གཙོན་
nam dang   drup chen khyung po nal jor sok ser chö kyi ka bap   me ngok tsön
and Gampopa; the great siddha Khyungpo Naljor and other masters of the oral lineage of Golden

སོགས་བཤད་བརྒྱུད་ཀྱི་བཀའ་བབས། རས་ཆུང་པ་སོགས་སྙན་བརྒྱུད་ཀྱི་བཀའ་བབས། ཆེ་བཞི་ཆུང་
sok she gyü kyi ka bap   re chung pa sok nyen gyü kyi ka bap   che shi chung
Dharma; Mey, Ngok, Tsön, and other masters of the oral lineage of explanations; Rechungpa and

བརྒྱད་སོགས་སྒྲུབ་བརྒྱུད་ཀྱི་བཀའ་བབས་ཏེ། ཡོངས་འཛིན་བཤེས་གཉེན་དུ་མའི་འཁོར་གྱིས་བསྐོར་བའི་
gye sok drup gyü kyi ka bap te   yong dzin she nyen du may khor gyi kor way
other masters of the whispered lineage; and masters of the four elder and eight younger practice

འདུས་པ་རྒྱ་མཚོའི་ཚོགས་ཐམས་ཅད་གདན་འཛོམས་པའི་བཞུགས་གནས་འཕགས་པ་སོ་སོའི་སྨོན་ལམ་ཁྱད་
dü pa gya tsoy tsok tam che den dzom pay shuk ne pak pa so soy mön lam khye
lineages, all surrounded by many great masters and spiritual friends. All the noble beings in this

པར་ཅན་དང་མངའ་ཐང་དང་འཚམས་པར་གྲུབ་པ་མཛེས་པ་ཤ་སྟག་འབྱུང་བར་གྱུར་ཅིག །

par chen dang nga tang dang tsam par drup pa dze pa sha tak jung war gyur chik

great assembly have beautiful seats that accord with their own especial aspirations and prominence.

མཆོད་པ་བྱིན་བརླབ་ནི།

Blessing the offerings:

ཕྱི་ནང་ཀུན་ཏུ་ཡང་ཆ་རིགས་དང་འཚམས་པར་ལྷ་དང་མིའི་ཡོ་བྱད་དམ་པ།

chi nang kün tu yang cha rik dang tsam par lha dang miyi yo che dam pa

Everywhere outside and inside may there be all the appropriate and fine articles used by gods and

དྲི་དང་། རོ་དང་། རེག་པ་དང་ལྡན་པ་ཡིད་དུ་འོང་བ། རྒྱ་ནོམ་པའི་བཟའ་བ་དང་།

dri dang   ro dang   rek pa dang den pa yi du ong wa   gya nom pay sa wa dang

humans. May there be excellent, finely prepared food of many varieties with aromas pleasant

བཅའ་བ་དང་། མྱང་བ་དང་། སྣག་པ་དང་། སྲུབ་པ་དང་། གཞིབ་པ་ལ་སོགས་པ

cha wa dang   nyang wa dang   dak pa dang   ngup pa dang   ship pa la sok pa

to inhale, flavors delightful to taste, textures pleasant to swallow, and a pleasing appearance.

ཞལ་ཟས་བཤམས་པར་བྱ་བ་སྣ་ཚོགས་པ་ཁྱད་པར་ཅན་དག་དང་། ན་བཟའ་དང་།

shal se sham par ja wa na tsok pa khye par chen dak dang   na sa dang

May there be a variety of the most perfect raiments, jewelry,

རྒྱན་དང་། རོལ་མོ་ལ་སོགས་པ་ཕུལ་དུ་བྱིན་པ་སྣ་ཚོགས་པ། སྤུང་པོ་གསུམ་པའི་མདོ

gyen dang   rol mo la sok pa pul du chin pa na tsok pa   pung po sum pay do

musical instruments, and so forth. May there be abundantly ornamented clouds and

དང་། བཟང་པོ་སྤྱོད་པའི་སྨོན་ལམ་ལས་བྱུང་བའི་མཆོད་པའི་སྤྲིན་རྒྱ་མཚོ་ཐམས་ཅད་ཀྱིས་

dang   sang po chö pay mön lam le jung way chö pay drin gya tsok tam che kyi

oceans of offerings that fill all space, like those found in *The Sutra in Three Sections*

རྒྱས་པར་གང་ཞིང་རྒྱུན་རྒྱུབས་པ་དང་ལྡན་པར་གྱུར་ཅིག །འཕགས་པ་ཐམས་ཅད་ཀྱང་གདན་

gye par gang shing lup pa dang den par gyur chik   pak pa tam che kyang den

and *The Aspiration for Excellent Conduct*.

འཛོམས་ནས་དེ་བཞིན་དུ་བྱིན་གྱིས་བརླབས་ཤིང་བཞེས་ཏེ་ལོངས་སྤྱོད་པར་གྱུར་ཅིག །

dzom ne de shin du jin gyi lap shing she te long chö par gyur chik

May all the noble ones take their seats, bless these offerings, accept them, and enjoy them.

oṃ namo bhagavate vajra sāra pramardhani tathāgatāya arhate
OṂ NAMO BHAGAVATE VAJRA SĀRA PRAMARDHANI TATHĀGATĀYA ARHATE

samyaksaṃbuddhāya
SAMYAKSAṂBUDDHĀYA.

tadyathā oṃ vajre vajre mahāvajre mahātejovajre mahāvidyāvajre
TADYATHĀ OṂ VAJRE VAJRE MAHĀVAJRE MAHĀTEJOVAJRE MAHĀVIDYĀVAJRE

mahābodhichitta vajre mahābodhi maṇḍopa saṃpramaṇa vajre sarva karma
MAHĀBODHICHITTA VAJRE MAHĀBODHI MAṆḌOPA SAṂPRAMAṆA VAJRE

āvaraṇa viśhodhana vajre svāhā
SARVA KARMA ĀVARAṆA VIŚHODHANA VAJRE SVĀHĀ

The invitation:

pal nyam me sha kay gyal po pak pay gen dün gya tsoy tsok lop ma dül wa ta ye
Glorious, peerless king of the Shakyas and retinue of the ocean-like assembly of the noble Sangha

pay khor dang che pa dak sok sem chen tam che kyi nye tung gi dri ma jang shing
and innumerable disciples, so that I and all beings may purify the stains of our faults and downfalls

sö nam kyi tsok pel way le du chen dren shing chi na tuk je chen poy kul te deng
and increase our accumulation of merit, I invite you. Now it is time; moved by your great

dü la bap kyi gong par dze du söl
compassion, please accept my invitation.

དེ་ཡང་ཆོས་ཐམས་ཅད་ཐུགས་སུ་ཆུད་པས་རྣམ་པར་སངས་རྒྱས་པའི་སངས་རྒྱས་ཉི་མའི་འོད་ཟེར་

de yang chö tam che tuk su chü pay nam par sang gye pay sang gye yi may ö ser

As you have come to know all things, you are fully awakened buddhas. The brilliant sunlight of

གྱིས་གསལ་བར་རེག་ནས་ཤེས་རབ་ཀྱི་པདྨ་རྒྱས་པ། པདྨའི་འབྱུང་གནས་རྣམས་ལ་སྣང་མཛད་ཀྱི་

gyi sal war rek ne she rap kyi pe ma gye pa   pe may jung ne nam la nang dze kyi

your awakening has opened the lotus of wisdom. Without any bias, the garlands of your

ཕྲེང་བ་བྱེ་བྲག་མེད་པར་ཁྱབ་པར་ཏིང་ངེ་འཛིན་གྱིས་ཁྱབ་པར་གང་བ།

treng wa che drak me par khyap par ting nge dzin gyi khyap par gang wa

illuminating rays fill with samadhi all the places where lotuses grow.

གཙུག་ཏོར་གྱི་ནང་ནས་ཀུན་ཏུ་འབྱུང་བའི་འོད་ཀྱི་དཀྱིལ་འཁོར་གྱིས་དུས་མཐའི་དཀྱིལ་འཁོར་གྱི་གནས་མ་

tsuk tor gyi nang ne kün tu jung way ö kyi kyil khor gyi dü tay kyil khor gyi ne ma

The mandala of light that issues from within your ushnishas brightens all mandalas even at

ལུས་པ་བཀྲ་བར་བྱས་ཤིང་། གནོད་སྦྱིན་གྱི་བདག་པོའི་གཙུག་ཏོར་གྱི་ནོར་བུ་ཆེན་པོས་ཞབས་ཀྱི་

lü pa tra war che shing   nö jin gyi dak poy tsuk tor gyi nor bu chen poy shap kyi

the end of time, and the lord of yakshas touches the great jewel of his crown to your toenails.

སེན་མོ་ལ་འདྲེས་པར་བྱས་ནས་ཆོས་སྟོན་པ། ཞི་བར་གཤེགས་པའི་ལམ་དུ་འདྲེན་པ། འཇིག་རྟེན་

sen mo la dre par che ne chö tön pa   shi war shol way lam du dren pa   jik ten

You teach the Dharma. You lead us down the path to peace.

འདྲེན་པ། གཉེན་བཤེས་པ། གཉེན་གཅིག་པུ་བདག་ནི་མེ་མར་གྱི་ཕྲེང་བ་ཚར་དུ་བཀོད་

dren pa   nyen she pa   nyen chik pu dak ni me mar gyi treng wa tsar du kö

You guide the world. You befriend us. You are our only friends,

པའམ། གསེར་གྱི་མཆོད་སྡོང་བསྒྲིགས་པ་ལྟར་གསལ་བ། བདག་གི་སེམས་ཤེལ་གྱི་རང་བཞིན་ལ་དངོ་

pa'am   ser gyi chö dong drik pa tar sal wa   dak gi sem shel gyi rang shin la ngo

as bright as a string of lamps or row of golden stupas. I pray that you come to

མཚར་བར་ཤར་བ་ཇི་ལྟ་བ་དེ་ལྟར་རིན་པོ་ཆེའི་ཕོ་བྲང་ཟད་མི་ཤེས་པའི་གཏེར་དང་ལྡན་

tsar war shar wa ji ta wa de tar rin po chey po drang se mi she pay ter dang den

and bless this precious palace endowed with inexhaustible treasure just as you

པའི་གནས་སུ་གཤེགས་ཤིང་བྱིན་གྱིས་བརླབ་པར་མཛད་དུ་གསོལ། །

pay ne su shek shing jin gyi lap par dze du söl

wondrously appear in my crystalline mind.

ma lü sem chen kün gyi gön gyur ching
For each and every being, a protector,

ngö nam ma lü ji shin khyen gyur pay
You know all things just as they are, Bhagavan;

chom den kal pa drang me du ma ru
Bhagavan, who for many countless aeons

mön lam gya chen gong pa yong dzok pay
Now is the time to fulfill your vast aspirations

de chir chö ying po drang lhün drup ne
I pray that out of the spontaneous palace

ta ye sem chen tsok nam dral way chir
Will come, displaying miracles and blessings

dro gön tuk jey chen den nam
I pray that you protectors of wanderers,

suk kuy nam par sheng ne kyang
The dharmakaya free of elaborations

The welcome:

chom den dir ni jön pa lek
The Bhagavan is welcome here!

dü de pung che mi se jom dze lha
You vanquished the ferocious hordes of Mara.

chom den khor che ne dir shek su söl
I pray you come here with your retinue.

dro la tse chir tuk je nam jang shing
Trained in compassion out of love for beings,

khye she dro dön dze dü di lak na
By benefitting beings as you wished.

dzu trul jin lap na tsok tön dze ching
Of dharmadhatu you and your pure retinue

yong dak khor dang che te shek su söl
To liberate infinite sentient beings.

chö ku trö dang dral wa le
Who have the eye of compassion, rise out of

dro way dön la shek su söl
As a form kaya and come to benefit beings.

dak chak sö nam kal par den
We have such merit and good fortune.

A Ritual of Offerings to the Gurus

dak gi chö yön she le du
We ask that you remain right here

di nyi du ni shuk su söl
In order to accept our offerings.

tong sum kün dang nyam pa yi
I offer you this hundred-petaled lotus,

pe ma dap gya ge sar che
Spacious and comfortable, equal in size

de shing yang pa bul lak na
To this realm of a billion worlds.

chi de war ni shuk su sol
I pray you take your seat with ease.

While presenting a conch shell filled with drinking water to their mouths:

chu wo gang gay gyün shin du
Just like the current of the River Ganges,

ar gham gyün yang mi che te
The stream of argham also is unceasing.

la me chö pa di bul na
I give this best of offerings to you

tuk jey gong te she su söl
And pray that you accept it with compassion.

dak dang ta ye pay sem chen tam che kyi nam par tok pa dak te de shin shek pay
May my thoughts and those of all beings be purified. May we achieve the utterly pure

ku yong su dak pa top par gyur chik
bodies of Tathagatas.

shap sil di dang shap la chö yön di dak shap dak la ul war gyi o   dur wa ma nyam
I offer your feet this water for washing. I bathe your feet with purified water,

pa dang dri dang me tok dang che pa rung way chu yi shap dak tru war gyi o
unbroken dūrva grass, fragrance, and flowers.

chu wo gang gay gyün shin du
Just like the current of the River Ganges,

shap sil gyün yang mi che de
This stream of cooling water is unceasing.

la me chö pa di bul na
I give this best of offerings to you

tuk jey gong te she su söl
And pray that you accept it with compassion.

dak dang ta ye pay sem chen tam che kyi jing wa dang gö pay dri ma dak te dzu
May my stains of torpor and agitation and those of all infinite beings be purified.

trul gyi kang pa yang dak pa top par gyur chik
May we achieve the true feet of miracles.

Next, the ablution:

chom den day de shin shek pa dra chom pa yang dak par dzok pay sang gye
The bhagavan, tathagata, arhat, completely perfect buddha, the one

rik pa dang shap su den pa   de war shek pa   jik ten khyen pa   kye bu dül way
with awareness and conduct, the sugata, the one who knows the world,

kha lo gyur wa   la na me pa   lha dang mi nam kyi tön pa de la yo che tam che
the charioteer who tames beings, the unsurpassable, the teacher of gods and humans:

dang den pay trü di söl war gyi o
I offer him this bath complete with all the requisites.

trü kyi khang pa shin tu dri shim pa
Within this sweetly fragrant house for bathing,

shel gyi sa shi sal shing tser wa tar
Prepared with floors of crystal, bright and lustrous,

rin chen bar way ka wa yi ong den
Attractive pillars all aglow with jewels,

de shin shek dang de yi se nam la
From precious vases that have been well filled

yi ong lek par kang wa lü dang ni
Accompanied by cymbals, song, and music,

di ni trü chok pal dang den
This is the glorious, supreme ablution

jin lap ye she chu yi ni
The water of your blessings and your wisdom:

ri wo tar ni dze pa yi
To those we venerate as precious,

chö ne rin chen de dak la
Who are as magnificent as mountains,

nying je yi ni nge gang way
To those, whom compassion truly fills

chok tu dul wa de dak la
And happiness, the supremely peaceful,

mu tik ö chak la re dre pa der
And hanging canopies of glistening pearls,

rin chen bum pa mang poy pö kyi chu
With water imbued with many fragrances,

rol mor che pa du may ku trü söl
I bathe the sugatas and bodhisattvas.

tuk jey chu ni la na me
With the unsurpassed water of compassion,

chi dö ngö drup tsal du söl
I pray you grant the siddhis I desire.

yön ten dam pay gyen den pa
Adorned with sublime qualities,

dak gi trü di söl war gyi
I offer this ablution.

tak tu pen dang de dze pay
So that they always bring benefit

dak gi trü di söl war gyi
I offer this ablution.

Thus offer ablution, and then:

དེ་དག་སྐུ་ལ་མཚུངས་པ་མེད་པའི་གོས། །
de dak ku la tsung pa me pay gö
With clean and finely scented cloths

།གཙང་ལ་དྲི་རབ་བསྒོས་པས་སྐུ་ཕྱིའོ། །
tsang la dri rap gö pay ku chi o
Beyond compare, I dry their bodies.

ཞེས་སྐུ་ཕྱི།
Thus dry their bodies.

དེ་ནས་དེ་ལ་ཁ་དོག་ལེགས་བསྒྱུར་བའི། །
de ne de la kha dok lek gyur way
I offer them the finest robes,

།ན་བཟའ་ཤིན་ཏུ་དྲི་ཞིམ་དམ་པ་འབུལ། །
na sa shin tu dri shim dam pa bul
Well-dyed and scented wonderfully.

གོས་བཟང་སྲབ་ལ་འཇམ་པ་སྣ་ཚོགས་དང་། །
gö sang sap la jam pa na tsok dang
I adorn the buddhas, bodhisattvas,

།རྒྱན་མཆོག་བརྒྱ་ཕྲག་དེ་དང་དེ་དག་གིས། །
gyen chok gya trak de dang de dak gi
And great, exalted beings as well

དེ་བཞིན་གཤེགས་པ་རྣམས་དང་དེ་སྲས་དང་། །
de shin shek pa nam dang de se dang
With fabrics delicate and soft

།སྐྱེས་མཆོག་དམ་པ་རྣམས་ལའང་བརྒྱན་པར་བགྱི། །
kye chok dam pa nam la'ang gyen par gyi
And hundreds of the best adornments.

ཞེས་གོས་རྒྱན་ཕུལ།
Thus offer them robes and jewelry.

སྟོང་གསུམ་ཀུན་ཏུ་དྲི་ངད་ལྡང་བ་ཡི། །
tong sum kün tu dri nge dang wa yi
Like polishing refined, pure gold,

།དྲི་མཆོག་རྣམས་ཀྱིས་ཐུབ་དབང་ཀུན་གྱི་སྐུ། །
dri chok nam kyi tup wang kün gyi ku
I anoint with the best fragrances

གསེར་སྦྱངས་བཙོ་མ་བྱི་དོར་བྱས་པ་ལྟར། །
ser jang tso ma chi dor che pa tar
Whose scents waft through the billion worlds

།འོད་ཆགས་འབར་བ་དེ་དག་བྱུགས་པར་བགྱི། །
ö chak bar wa de dak juk par gyi
The radiant bodies of all buddhas.

ཞེས་བྱུག་པ་འབུལ་ལོ། །ཚོགས་བསགས་བགྱི་བ་ལ། ཕྱག་འཚལ་བ་ནི།
Thus offer anointment. To gather the accumulations, first offer prostrations:

གང་གིས་འཆིང་རྣམས་ཐམས་ཅད་རབ་བཅད་ཅིང་། །
gang gi ching nam tam che rap che ching
I bow to him who severed every bond,

།མུ་སྟེགས་ཚོགས་རྣམས་ཐམས་ཅད་བཅོམ་བྱས་ཏེ། །
mu tek tsok nam tam che chom che te
Who vanquished all the tirthikas,

སྡེ་དང་བཅས་པའི་བདུད་ནི་བཏུལ་ནས་སུ། །
de dang che pay dü ni tül ne su
Who subdued Mara and his hordes,

།བྱང་ཆུབ་མཆོག་བརྙེས་དེ་ལ་ཕྱག་འཚལ་ལོ། །
jang chup chok nye de la chak tsal lo
And achieved the supreme awakening.

mi chok dul wa kha lo gyur dze ching
Best among humans, the tathagata

kün jor ching wa chö dze de shin shek
Tames us and guides; he cuts the bonds and fetters.

wang po shi shing nyer shi shi la khe
His faculties pacified, peaceful, skilled in peace—

nyen yö shuk pa de la chak tsal lo
To him who dwelled in Shravasti, I prostrate.

yön ten rin chen mang poy tsok nga shing
His body of utterly pure pristine wisdom

tsen rap ye she yong su dak pay ku
With many precious qualities, great marks,

ser gyi dok chen lha dang miy chö pa
And golden hue is revered by gods and humans.

chom den lha yi lha la chak tsal lo
I prostrate to the Bhagavan, the god of gods.

From Lingrepa's Offering to the Gurus:

gang gi khor way nye pa ni
It's he whom just remembering

dren pa tsam gyi jom dze ching
Conquers the evils of samsara

la me jang chup top dze pay
And brings the highest awakening—

la may shap la chak tsal lo
I prostrate at my guru's feet.

gang gi ma rik mün pay tsok
It's he who dispels the pitch black,

mak tu gyur pa sel dze pa
The darkness of our ignorance,

nyi may kyil khor ta bu yi
Who's like the bright orb of the sun—

la may shap la chak tsal lo
I prostrate at my guru's feet.

gang gi khor way duk ngel gyi
It's he who cools the torments of

tse dung ma lü sel dze pa
The heat of suffering in samsara,

ཟླ་བའི་དཀྱིལ་འཁོར་ལྟ་བུ་ཡི། །
da way kyil khor ta bu yi
Who's like the cool orb of the moon—

གང་གི་འདོད་ཆགས་ལ་སོགས་པའི། །
gang gi dö chak la sok pay
It's he who dispels all the illness

སྨན་པའི་རྒྱལ་པོ་ལྟ་བུ་ཡི། །
men pay gyal po ta bu yi
Who's like the king of all physicians—

གང་གི་ཟག་མེད་བདེ་ཆེན་གྱི། །
gang gi sak me de chen gyi
He takes us to the supreme city

རྟ་མཆོག་རིན་ཆེན་ལྟ་བུ་ཡི། །
ta chok rin chen ta bu yi
Who's like the precious, supreme steed—

གང་གི་སྐྱེ་རྒ་ན་འཆི་ཡི། །
gang gi kye ga na chi yi
It's he who frees us from great floods

མཉན་པའི་རྒྱལ་པོ་ལྟ་བུ་ཡི། །
nyen pay gyal po ta bu yi
Who's like the king of ferrymen—

གང་གི་འགྲོ་བའི་དགོས་འདོད་རྣམས། །
gang gi dro way gö dö nam
It's he who fulfills all desires

ནོར་བུ་རིན་ཆེན་ལྟ་བུ་ཡི། །
nor bu rin chen ta bu yi
Who's like a wish-fulfilling jewel—

གང་གི་ཆོས་རྣམས་ཐམས་ཅད་ཀུན། །
gang gi chö nam tam che kün
It's he who permeates all things,

བླ་མའི་ཞབས་ལ་ཕྱག་འཚལ་ལོ། །
la may shap la chak tsal lo
I prostrate at my guru's feet.

ཉོན་མོངས་ནད་རྣམས་སེལ་མཛད་པ། །
nyön mong ne nam sel dze pa
Of the afflictions such as lust,

བླ་མའི་ཞབས་ལ་ཕྱག་འཚལ་ལོ། །
la may shap la chak tsal lo
I prostrate at my guru's feet.

གྲོང་ཁྱེར་མཆོག་ཏུ་སྐྱེལ་མཛད་པ། །
drong khyer chok tu kyel dze pa
Of undefiled great bliss. It's he

བླ་མའི་ཞབས་ལ་ཕྱག་འཚལ་ལོ། །
la may shap la chak tsal lo
I prostrate at my guru's feet.

ཆུ་བོ་ཆེ་ལས་སྒྲོལ་མཛད་པ། །
chu wo che le drol dze pa
Of birth and aging, illness and death,

བླ་མའི་ཞབས་ལ་ཕྱག་འཚལ་ལོ། །
la may shap la chak tsal lo
I prostrate at my guru's feet.

ཡིད་བཞིན་རྫོགས་པར་འབྱུང་འགྱུར་བའི། །
yi shin dzok par jung gyur way
And needs of beings as they wish,

བླ་མའི་ཞབས་ལ་ཕྱག་འཚལ་ལོ། །
la may shap la chak tsal lo
I prostrate at my guru's feet.

འདུ་འབྲལ་མེད་པ་ཁྱབ་གྱུར་པ། །
du dral me pa khyap gyur pa
Not ever coming, never parting,

nam kha ta buy tuk nga way
Who has a wisdom mind like space—

gang gi sung gi ö ser gyi
It's he, the light rays of whose speech

nying gi pe mo kha che pay
Dispelling all our ignorance—

la may shap la chak tsal lo
I prostrate at my guru's feet.

dak sok mong pa ma lü pa
Open the lotus of our hearts,

la may shap la chak tsal lo
I prostrate at my guru's feet.

The presentation of offerings:
From The Sutra of the Hundredfold Homage for Amending Breaches:

jang chup sem pay sö nam rap jam le jung wa mi nyam pa dang nyam pay chö pa
Born of the infinite merit of bodhisattvas, assortments of supreme offerings—

na tsok   chok   tso wo   dam pa   khye par chen   sang po   gya nom pa
the best and most excellent, special and fine, bounteous, unsurpassable offerings

la na me pa   mi nyam pa dang nyam pay chok chuy nö kyi jik ten tam che chur
equal to the unequalled—fill all the external worlds in the ten directions to overflowing.

bur kang te   chö kyi chö pa dang che pay ma lü mi lü lü pa me pay kön chok sum
Along with the offering of Dharma, I proffer and present these evermore and unceasingly to

la chi may mu tar tak tu gyün mi che par chö ching dön no   ul shing söl lo   kur tir
the Three Jewels until the very end of time so that nothing has been, is, or will ever be left out.

gyi o   la mar gyi o   ri mor gyi o   nye par gyi o
I offer and give. I pay you respect. I exalt you. I venerate you. I please you.

To continue, offer the five enjoyments first:

gyal wa gya tsoy chö dze le drup pay
I offer with an ocean of faith these oceans of flowers

shing kham gya tsoy me tok gya tsoy tsok
Made from the offerings of oceans of buddhas

yön ten gya tsoy gyal wa khor che la
In oceans of pure realms to oceans of victors

de pa gya tsoy bul lo she su söl
And their retinues; I pray that you accept them.

dak dang ta ye pay sem chen tam che jang chup kyi yen lak dün dang den par gyur chik
May I and all infinite beings gain the seven factors of enlightenment.

gyal wa gya tsoy chö dze le drup pay
I offer with an ocean of faith these oceans of incense

shing kham gya tsoy duk pö gya tsoy tsok
Made from the offerings of oceans of buddhas

yön ten gya tsoy gyal wa khor che la
In oceans of pure realms to oceans of victors

de pa gya tsoy bul lo she su söl
And their retinues; I pray that you accept them.

dak dang ta ye pay sem chen tam che tsul trim nam par dak te yang dak pay tsul
May my discipline and that of all infinite sentient beings be completely pure;

trim dang den par gyur chik
may we have authentic discipline.

gyal wa gya tsoy chö dze le drup pay
I offer with an ocean of faith these oceans of lamps

shing kham gya tsoy nang sal gya tsoy tsok
Made from the offerings of oceans of buddhas

yön ten gya tsoy gyal wa khor che la
In oceans of pure realms to oceans of victors

de pa gya tsoy bul lo she su söl
And their retinues; I pray that you accept them.

dak dang ta ye pay sem chen tam che ma rik pay mün pa sal ne tam che
May the darkness of my ignorance and that of all beings be dispelled; may we have the lamp

khyen pay ye she kyi drön ma dang den par gyur chik
of omniscient pristine wisdom.

gyal wa gya tsoy chö dze le drup pay	shing kham gya tsoy dri chap gya tsoy tsok
I offer with an ocean of faith these oceans of scented water	Made from the offerings of oceans of buddhas
yön ten gya tsoy gyal wa khor che la	de pa gya tsoy bul lo she su söl
In oceans of pure realms to oceans of victors	And their retinues; I pray that you accept them.

dak dang ta ye pay sem chen tam che ting nge dzin gyi chuy nam par yeng pay dri
May the water of samadhi purify me and all infinite sentient beings of the stains of distraction;

ma dak te de shing tsim par gyur chik
may we be happy and satisfied.

gyal wa gya tsoy chö dze le drup pay	shing kham gya tsoy shal se gya tsoy tsok
I offer with an ocean of faith these oceans of food	Made from the offerings of oceans of buddhas
yön ten gya tsoy gyal wa khor che la	de pa gya tsoy bul lo she su söl
In oceans of pure realms to oceans of victors	And their retinues; I pray that you accept them.

dak dang ta ye pay sem chen tam che tre pay duk ngel sal ne yi shin gyi se
May my suffering from hunger and that of all infinite sentient beings be dispelled;

kom dang den par gyur chik
may we have all the food and drink we wish.

The five sensory pleasures:

གྱལ་བ་ཟག་མེད་འབྱོར་ལ་མངའ་གྱུར་ཡང་། །འགྲོ་བའི་དོན་དུ་འདོད་ཡོན་རྣམ་ལྔ་ཡིས། །
gyal wa sak me jor la nga gyur yang / dro way dön du dö yön nam nga yi
Although the victors have undefiled riches, / By offering the five sensory pleasures

མཆོད་པས་མཁའ་མཉམ་སེམས་ཅན་ཐམས་ཅད་ཀྱིས། །བསོད་ནམས་མི་ཟད་གཏེར་ལ་སྤྱོད་པར་ཤོག །
chö pay kha nyam sem chen tam chi kyi / sö nam mi se ter la chö par shok
For the sake of beings, may all throughout space / Enjoy a treasury of inexhaustible merit.

The seven articles of royalty:

མི་དབང་རིན་ཆེན་སྣ་བདུན་འདི་དག་ནི། །སངས་རྒྱས་སྲས་དང་བཅས་པ་མ་ལུས་ལ། །
mi wang rin chen na dün di dak ni / sang gye se dang che pa ma lü la
By arranging here and mentally offering / The seven precious articles of kings

བདག་གིས་བཤམས་ཤིང་ཡིད་ཀྱིས་ཕུལ་བ་ཡིས། །འགྲོ་བ་མི་ཟད་གཏེར་ལ་སྤྱོད་པར་ཤོག །
dak gi sham shing yi kyi pul wa yi / dro wa mi se ter la chö par shok
To all the buddhas and to all their children, / May all beings enjoy an endless trove.

The eight auspicious substances:

ལྷ་ཡི་དབང་པོ་ལྷ་མིན་ཡུལ་རྒྱལ་ནས། །བཀྲ་ཤིས་ལྷ་མོ་བརྒྱད་ཀྱིས་མཆོད་པ་ལྟར། །
lha yi wang po lha min yul gyal ne / ta shi lha mo gye kyi chö pa tar
Just as the eight auspicious goddesses make offerings to / The lord of gods when he defeats the demigods,

རྒྱལ་དབང་རྣམས་དང་བྱང་ཆུབ་སེམས་དཔའ་ལ། །བཀྲ་ཤིས་རྫས་བརྒྱད་བདག་གིས་མཆོད་པར་བགྱི། །
gyal wang nam dang jang chup sem pa la / ta shi dze gye dak gyi chö par gyi
I make this offering of the eight auspicious substances / To the victorious buddhas and the bodhisattvas.

The eight auspicious symbols:

མགོན་པོ་ཐུགས་རྗེ་ཆེན་པོས་བྱིན་བརླབས་པའི། །བསོད་ནམས་རྒྱ་ལས་བྱུང་བའི་འཁོར་ལོ་འདི། །
gön po tuk je chen poy jin lap pay / sö na gyu le jung way khor lo di
At the very moment that I offer / This wheel that has arisen out of merit,

A Ritual of Offerings to the Gurus 95

gang la pul wa de yi ke chik la
Which the compassionate protector blessed,

gön po tuk je chen poy jin lap pay
At the very moment that I offer

gang la pul wa de yi ke chik la
Which the compassionate protector blessed,

gön po tuk je chen poy jin lap pay
At the very moment that I offer

gang la pul wa de yi ke chik la
Which the compassionate protector blessed,

gön po tuk je chen poy jin lap pay
At the very moment that I offer

gang la pul wa de yi ke chik la
Which the compassionate protector blessed,

gön po tuk je chen poy jin lap pay
At the very moment that I offer

gang la pul wa de yi ke chik la
Which the compassionate protector blessed,

gön po tuk je chen poy jin lap pay
At the very moment that I offer

dam pay chö kyi khor lo kor war shok
May the wheel of genuine Dharma turn.

dri me shin tu dze pay pal beu di
This stainless and most beautiful endless knot,

kün khyen ye she nyi dang den par shok
May we have omniscient pristine wisdom.

rin chen chü kyi gang way bum pa di
This precious vase filled with elixir,

sö nam tsok dzok gyen gyi gyen par shok
May we be adorned by the perfection of merit.

dri me shin tu dak pay pe ma di
This lotus, stainless and immaculate,

khor way nye pay kyön gyi ma gö shok
May we be untainted by samsaric faults.

dri me shin tu kar way dung chen di
This stainless and completely white great conch,

tsö ngen pam che chö dra drok par shok
May the sound of Dharma ring and defeat all dispute.

dri me shin tu dak pay ser nya di
This stainless golden fish so very pure,

གང་ལ་ཕུལ་བ་དེ་ཡིས་སྐད་ཅིག་ལ། །
gang la pul wa de yi ke chik la
Which the compassionate protector blessed,

འཁོར་བའི་རྒྱ་མཚོ་ཆེ་ལས་གྲོལ་བར་ཤོག །
khor way gya tso che le drol war shok
May all be freed from the great ocean of samsara.

མགོན་པོ་ཐུགས་རྗེ་ཆེན་པོས་བྱིན་བརླབས་པའི། །
gön po tuk je chen poy jin lap pay
At the very moment that I offer

སྐྱབས་ཀྱི་དམ་པ་རིན་ཆེན་གདུགས་མཛེས་འདི། །
kyap kyi dam pa rin chen duk dze di
The highest protection, the precious parasol,

གང་ལ་ཕུལ་བ་དེ་ཡིས་སྐད་ཅིག་ལ། །
gang la pul wa de yi ke chik la
Which the compassionate protector blessed,

ཀུན་ལ་སྐྱབས་ཀྱི་དམ་པ་བྱེད་པར་ཤོག །
kün la kyap kyi dam pa che par shok
May we give all the highest protection.

མགོན་པོ་ཐུགས་རྗེ་ཆེན་པོས་བྱིན་བརླབས་པའི། །
gön po tuk je chen poy jin lap pay
At the very moment that I offer

དམ་ཆོས་མི་ནུབ་རྒྱལ་མཚན་དམ་པ་འདི། །
dam chö mi nup gyal tsen dam pa di
This unwaning victory banner of True Dharma,

གང་ལ་ཕུལ་བ་དེ་ཡིས་སྐད་ཅིག་ལ། །
gang la pul wa de yi ke chik la
Which the compassionate protector blessed,

དམ་ཆོས་མི་ནུབ་རྒྱལ་མཚན་འཛུགས་པར་ཤོག །
dam chö mi nup gyal tsen dzuk par shok
May the unwaning banner of True Dharma be planted.

ཅེས་པ་བཅུག་གོ། རྩ་རུའི་བཟའ་བ་ནི། ནམ་མཁའ་མཛོད་ཀྱི་བྱིན་གྱིས་བརླབས་ཏེ།

The Feast of Tsaru:
Bless it with the sky-treasury mantra and mudra.

གཟུགས་སྒྲ་དྲི་རོ་རེག་ལྡན་པ། །
suk dra dri ro rek den pa
This supreme food has the best form,

མཆོག་ཏུ་གྱུར་པའི་ཟས་མཆོག་འདི། །
chok tu gyur pay se chok di
Sound, fragrance, taste, and texture.

བདག་གིས་དད་པས་འབུལ་ལགས་ཀྱིས། །
dak gi de pay bul lak kyi
I offer it with faith and pray

ཅི་བདེ་བར་ནི་བཞེས་སུ་གསོལ། །
chi de war ni she su söl
That you accept it as you please.

ཞལ་ཟས་རོ་བརྒྱ་ལྡན་པ་ཡིད་འཕྲོག་པ། །
shal se ro gya den pa yi trok pa
By offering to the victors and their children

ལེགས་སྦྱར་འདི་ནི་རྒྱལ་བ་སྲས་བཅས་ལ། །
lek jar di ni gyal wa se che la
With faith this well-prepared, enticing food

དད་པས་ཕུལ་བས་འགྲོ་བ་འདི་དག་ཀུན། །
de pay pul way dro wa di dak kün
That has a hundred flavors, may all beings

འབྱོར་ལྡན་ཏིང་འཛིན་ཟས་ལ་སྤྱོད་པར་ཤོག །
jor den ting dzin se la chö par shok
Enjoy the food of samadhi endowed with riches.

A Ritual of Offerings to the Gurus   97

gyal way dü chom jang chup sang gye te
The victor conquered Mara and awoke
    to enlightenment.

dak chak sö nam shing du gyur le du
Yet as a field for us to gather merit,

dü kün ge way lo tok pel gye ne
Thus may our crops of virtue ever flourish;

ting dzin chö dang se la long chö shok
And enjoy the food and Dharma of samadhi.

gyal way ku la drip kyem mi nga yang
The victor's body has no hunger or thirst.

jar way shö dang shal se di pul way
We offer you this food we have prepared.

de wa chen du pe mo le kye te
May we be born from lotuses in Sukhavati

yang dak par dzok pay sang gye jang chup sem pay gen dün gyi yong su kor wa
To the complete and perfect buddhas surrounded by a sangha of bodhisattvas,

nam la shal se na tsok pay tsö ma dang khur wa dang shö dang sho la sok pa
I present this assortment of bountiful, fragrant, divine foods—

lhayi dze gya nom pa dri sang po rung way chü gang way bum pa dang che pa
vegetables, breads, grains, yoghurt, and more—along with vases filled with pure water.

nam   dak dang jin pay dak po la sok pay sem chen tam che je su sung te la na
I offer this that you take care of me as well as the donor

me pa yang dak par dzok pay sang gye kyi go pang la rap to gö pay le du
and all other sentient beings, and bring us to the unexcelled complete and perfect

ul war gyi o
state of buddhahood.

ལྷ་ཕག་ལྔ་ནི།

The five fives:

རྒྱལ་བ་མགོན་པོ་དཔལ་གྱིས་ལྷམ་མེར་བཞུགས། །བསོད་ནམས་ཡེ་ཤེས་སྐུ་ལྔ་བརྙེས་པ་ལ། །

gyal wa gön po pal gyi lham mer shuk   sö nam ye she ku nga nye pa la

Victorious protector, dwelling in resplendent glory,   Who achieved through merit and through pristine wisdom the five kayas,

ལྷ་ཕག་ལྔ་ལྡན་སྙིང་པོ་དམ་པ་འབུལ། །འགྲོ་བའི་བདེ་གཤེགས་སྙིང་པོ་ཐོབ་པར་ཤོག །

nga trak nga den nying po dam pa bul   dro way de shek nying po top par shok

By offering you the sublime five sets of five essences,   May every wandering being realize their own buddha essence.

འབྲུ་རྣམ་པ་ལྔ་ཕུལ་བས་སེམས་ཅན་ཐམས་ཅད་ལ་འཇིག་རྟེན་གྱི་ལོ་ཏོག་འཕེལ་ཞིང་དགེ་བའི་ལོ་

dru nam pa nga pul way sem chen tam che la jik ten gyi lo tok pel shing ge way lo

Through my offering you the five grains, may the world's crops increase for all beings,

ཏོག་དུས་ཀུན་ཏུ་རྒྱས་པར་གྱུར་ཅིག །

to dü kün tu gye par gyur chik

and may the harvest of virtue flourish at all times.

རིན་པོ་ཆེ་རྣམ་པ་ལྔ་ཕུལ་བས་ཡིད་བཞིན་གྱི་ནོར་བུ་རིན་པོ་ཆེས་སེམས་ཅན་ཐམས་ཅད་ཀྱི་

rin po che nam pa nga pul way yi shin gyi nor bu rin po chey sem chen tam che kyi

Through my offering you the five jewels, may the precious wish-fulfilling jewel satisfy the many

དགོས་དགུ་ཡིད་བཞིན་དུ་བསྐངས་ནས་འབྱོར་པ་ཕུན་སུམ་ཚོགས་པ་དང་ལྡན་པར་གྱུར་ཅིག །

gö gu yi shin du kang ne jor pa pun sum tsok pa dang den par gyur chik

needs of all beings as they wish, so that they enjoy abundant prosperity.

སྨན་རྣམ་པ་ལྔ་ཕུལ་བས་སེམས་ཅན་ཐམས་ཅད་ནད་བཞི་བརྒྱ་རྩ་བཞིའི་སྡུག་བསྔལ་དང་

men nam pa nga pul way sem chen tam che ne shi gya tsa shiy duk ngel dang

Through my offering you the five medicinal herbs, may all beings be freed from the suffering of

བྲལ་ནས་ཐུགས་རྗེའི་སྨན་གྱིས་དུག་གསུམ་གྱི་ནད་ལས་ཐར་བར་གྱུར་ཅིག །

dral ne tuk jey men gyi duk sum gyi ne le tar war gyur chik

the four hundred and four illnesses, and may the medicine of compassion free them from the

སྙིང་པོ་རྣམ་པ་ལྔ་ཕུལ་བས་སེམས་ཅན་ཐམས་ཅད་དེ་ཁོ་ན་ཉིད་ཀྱི་སྙིང་པོ་དང་

nying po nam pa nga pul way sem chen tam che de kho na nyi kyi nying po dang

illnesses of the three poisons. Through my offering you the five essences, may all beings possess

A Ritual of Offerings to the Gurus 99

den par gyur chik
the essence of suchness.

dri nam pa nga pul way sem chen tam che ting nge dzin gyi chü nam par yeng
Through my offering you the five perfumes, may all the stains of distraction of all beings be

way dri ma tam che nam par dak te de shing tsim par gyur chik
purified by the water of samadhi. May they be happy and satisfied.

Additional offerings from the Offerings to the Gurus *written by the mahasiddha Lingrepa:*

nam kha nyi da sa kar ja tsön dang
I offer to the precious, supreme beings

dze pay trin dang khuk na la sok pay
The sky embellished with the sun, moon, planets,

rap tu gyen ching yi rap dang gyur pa
Stars, rainbows, lovely clouds, and plumes of mist,

kye chok rin chen nam la bul war gyi
And more as well, my mind truly sincere.

ri wo chok dang de shin ri tren dang
I offer to the precious, supreme beings

gang ri men ri rin chen ri wo sok
The supreme mountain, lesser peaks, snow mountains,

gö dö jung way ri shen ji nye kün
Herb-bearing mountains, and great hills of gems,

kye chok rin chen nam la bul war gyi
And mountains that yield all we need and want.

rin chen sa shir lo tok min che ching
I offer to the precious, supreme beings

kye mö tsal dang kün ga ra wa dang
The precious earthen ground that ripens crops,

གཙུག་ལག་ཁང་སོགས་པོ་བྲང་བཞིན་གྱུར་པ།
tsuk lak khang sok po drang shin gyur pa
And pleasant groves, walled gardens, temples, and

གཞལ་མེད་ཁང་ཆེན་བསིལ་ཁང་སྒོ་ཁང་དང་།
shal me khang chen sil khang go khang dang
I offer to the precious, supreme beings

ངོ་མཚར་མཆོག་ཏུ་གྱུར་པ་དེ་དག་ཀུན།
ngo tsar chok tu gyur pa de dak kün
That have cool chambers, archways, and gate houses,

གཙུག་ལག་ཁང་དང་རྒྱལ་པོའི་ཕོ་བྲང་དང་།
tsuk lak khang dang gyal poy po drang dang
I offer to the precious, supreme beings

ཡིད་འོང་མཛེས་པའི་ཁང་བཟང་ཇི་སྙེད་ཀུན།
yi ong dze pay khang sang ji nye kün
And every tower, city, town, and all

བླ་བྲེ་གདུགས་དང་རྒྱལ་མཚན་བ་དན་དང་།
la dre duk dang gyal tsen ba den dang
I offer to the precious, supreme beings

ཡོལ་བ་ལ་སོགས་བཀོད་པའི་ཁྱད་པར་རྣམས།
yöl wa la sok kö pay khye par nam
Parasols, banners, pennants, waving ribbons,

གསེར་དངུལ་ཟངས་ལྕགས་དེ་བཞིན་མུ་ཏིག་དང་།
ser ngul sang chak de shin mu tik dang
I offer to the precious, supreme beings

བྱུ་རུ་ལ་སོགས་རིན་ཆེན་ཇི་སྙེད་ཀུན།
chu ru la sok rin chen ji nye kün
Such as gold, silver, copper, iron, pearls,

སྐྱེས་མཆོག་རིན་ཆེན་རྣམས་ལ་འབུལ་བར་བགྱི།
kye chok rin chen nam la bul war gyi
Such other buildings that are like great mansions.

རྟ་བབས་ལ་སོགས་མཛེས་པའི་རྒྱན་གྱིས་བརྒྱན།
ta bap la sok dze pay gyen gyi gyen
All of the wondrous and best palaces

སྐྱེས་མཆོག་རིན་ཆེན་རྣམས་ལ་འབུལ་བར་བགྱི།
kye chok rin chen nam la bul war gyi
Bedecked with beautiful embellishments.

མཁར་དང་ཡུལ་འཁོར་གྲོང་དང་གྲོང་ཁྱེར་དང་།
khar dang yul khor drong dang drong khyer dang
All temples and all royal palaces,

སྐྱེས་མཆོག་རིན་ཆེན་རྣམས་ལ་འབུལ་བར་བགྱི།
kye chok rin chen nam la bul war gyi
The attractive, beauteous buildings there may be.

དར་བྱང་ལྷབ་ལྷུབ་འཕན་དང་ལྡ་ལྡི་དང་།
dar jang lhap lhup pen dang da di dang
All kinds of decorations—canopies,

སྐྱེས་མཆོག་རིན་ཆེན་རྣམས་ལ་འབུལ་བར་བགྱི།
kye chok rin chen nam la bul war gyi
And streamers, curtains, strings of flags, and such.

བཻ་ཌཱུརྻ་དང་དུང་དང་མན་ཤེལ་དང་།
vai du rya dang dung dang men shel dang
All of the precious substances there are,

སྐྱེས་མཆོག་རིན་ཆེན་རྣམས་ལ་འབུལ་བར་བགྱི།
kye chok rin chen nam la bul war gyi
Conch, beryl, crystal, coral, and all gems.

གྱ་མཚོ་ཆེ་དང་ཆུ་བོ་ཆུ་ཕྲན་དང་།
gya tso che dang chu wo chu tren dang
I offer to the precious, supreme beings

རྙོག་པ་མེད་ཅིང་ཡན་ལག་བརྒྱད་ལྡན་ཆབ།
nyok pa me ching yen lak gye den chap
Great oceans, rivers, streams and rivulets,

ལོ་ཏོག་རྩི་ཐོག་ཤིང་ཐོག་ཇི་སྙེད་པའི།
lo tok tsi tok shing tok ji nye pay
I offer to the precious, supreme beings

དབང་པོའི་སྤྱོད་ཡུལ་ངོ་མཚར་སྣ་ཚོགས་པ།
wang poy chö yül ngo tsar na tsok pa
And vegetables and fruits that sustain beings—

ཙན་དན་ག་བུར་གུར་གུམ་ལ་སོགས་ཏེ།
tsen den ga bur gur gum la sok te
I offer to the precious, supreme beings

ནད་སེལ་སྨན་གྱི་རྣམ་པ་ཇི་སྙེད་ཀུན།
ne sel me gyi nam pa ji nye kün
Sandalwood, camphor, saffron, and so forth

རྒྱུ་མཆོག་རྐྱེན་གྱིས་ལེགས་པར་སྦྱར་བ་ཡི།
gyu chok kyen gyi lek par jar wa yi
I offer to the precious, supreme beings

འཇིག་རྟེན་ཟས་མཆོག་མ་ལུས་ཇི་སྙེད་ཀུན།
jik ten se chok ma lü ji nye kün
Foods to be eaten, chewed or licked or sipped,

འཇིག་རྟེན་དག་ན་ན་བཟའི་མཆོག་གྱུར་པ།
jik ten dak na na say chok gyur pa
I offer to the precious, supreme beings

ཆེ་བྲག་དཔག་མེད་ཇི་སྙེད་ཡོད་པ་ཀུན།
che drak pak me ji nye yö pa kün
Each of the infinite varieties

མཚོ་དང་རྫིང་བུ་སྟེང་ཀ་ཆུ་མིག་སོགས།
tso dang dzing bu teng ka chu mig sok
All unpolluted water with eight traits—

སྐྱེས་མཆོག་རིན་ཆེན་རྣམས་ལ་འབུལ་བར་བགྱི།
kye chok rin chen nam la bul war gyi
Lakes, ponds, pools, springs, and other waters, too.

དྲི་དང་རོ་ལྡན་འགྲོ་བའི་གསོས་གྱུར་པ།
dri dang ro den dro way sö gyur pa
All of the fragrant and delicious grains,

སྐྱེས་མཆོག་རིན་ཆེན་རྣམས་ལ་འབུལ་བར་བགྱི།
kye chok rin chen nam la bul war gyi
A wonderful variety for the senses.

རོ་དང་ནུས་པ་བསམ་གྱིས་མི་ཁྱབ་པའི།
ro dang nü pa sam gyi mi khyap pay
All healing medicines that there may be—

སྐྱེས་མཆོག་རིན་ཆེན་རྣམས་ལ་འབུལ་བར་བགྱི།
kye chok rin chen nam la bul war gyi
With inconceivable taste and potency.

བཟའ་དང་བཅའ་དང་ལྡག་དང་བཏུང་ལ་སོགས།
sa dang cha dang dak dang tung la sok
All the best foods to be found in the world—

སྐྱེས་མཆོག་རིན་ཆེན་རྣམས་ལ་འབུལ་བར་བགྱི།
kye chok rin chen nam la bul war gyi
Prepared well from the finest ingredients.

ཁྱེད་འཕགས་སྐུ་ལ་འཇམ་ཞིང་མཛེས་པ་ཡི།
khye pak ku la jam shing dze pa yi
The best of fabrics found in any world,

སྐྱེས་མཆོག་རིན་ཆེན་རྣམས་ལ་འབུལ་བར་བགྱི།
kye chok rin chen nam la bul war gyi
So soft and lovely on your sublime bodies.

la yi wang po nye way wang po dang
And: I offer to the precious, supreme beings

long chö dö yön tsok che de dak kün
His sons and daughters, beautiful retinue,

lha min lu dang nö jin dri sa dang
I offer to the precious, supreme beings

khor dang long chö ngo tsar ji nye kün
Gandharvas, with their rulers, children, courts,

khor lö gyur gyal mi yi wang chuk chok
I offer to the precious, supreme beings

pung gi tsok dang che pa ji nye kün
Of humans that there are, their queens and children,

gyal tren la sok kye pa bü me dang
I offer to the precious, supreme beings

rin chen gyen gyi gyen pa de dak kün
Young boys and girls, dressed in attractive clothes

seng ge khyu chok la sok top chen dang
I offer to the precious, supreme beings

nak trö ri woy sul na gyu wa kün
Gazelles, and all the beautiful wild creatures

bu dang bu mo dze pay khor dang che
The ruler of the gods, his vassal kings,

kye chok rin chen nam la bul war gyi
And all the pleasurable things he has.

wang po la sok bu dang bu mo dang
All demigods, all nagas, yakshas, and

kye chok rin chen nam la bul war gyi
And all the wondrous things that they possess.

tsün mo se che rin chen na dün dang
All of the universal emperors

kye chok rin chen nam la bul war gyi
Their seven precious articles and armies.

kheu bu mo dze pay gö gyön ching
All lesser monarchs and all men and women,

kye chok rin chen nam la bul war gyi
And wearing gems and precious jewelry.

e nya la sok dze pay ri dak sok
Lions, great bulls, other such powerful beasts,

kye chok rin chen nam la bul war gyi
Who roam the forests and the mountainsides.

A Ritual of Offerings to the Gurus 103

ta dang lang po de shin shing ta dang
I offer to the precious, supreme beings

shuk chen gyok par dro wa de dak kün
Like horses, elephants, and chariots,

kha ding gyal po ka la ping ka dang
I offer to the precious, supreme beings

ke nyen dze pay dap chak ji nye kün
And cranes and peacocks, cuckoos, ruddy geese,

lha miy long chö yong su sung wa dang
I offer to the precious, supreme beings

ngo tsar che du rung wa ji nye kün
What gods and humans enjoy as their own,

nö kyi jik ten po drang shal ye khang
I offer to the precious, supreme beings

yi ong dze pay rol mo ji nye kün
Its denizens, various beings and emanations,

dak gi lü dang long chö tam che dang
If I should give my body and all possessions

kye chok khye kyi bang su bul lak na
To you, the best of beings, as your subjects,

jik ten dak na tek chen shön pay chok
All swift and powerful conveyances

kye chok rin chen nam la bul war gyi
And all great mounts there are in every world.

trung trung ma ja khu juk ngur pa sok
Garuda kings and kalavingka birds,

kye chok rin chen nam la bul war gyi
And all the lovely birds who sing sweet song.

yong su sung min rang shin ne pay rik
All of the wondrous things that can be used—

kye chok rin chen nam la bul war gyi
As well as natural things that are unclaimed.

chü kyi sem chen na tsok trul pay rik
The external world, its palaces, and mansions,

kye chok rin chen nam la bul war gyi
And all the beautiful music there may be.

kha dang nyam pay dro wa ma lü kün
And all the beings that there are throughout space

tuk jey gong ne she te kyap tu söl
I pray that you accept us with compassion and protect us.

The offering of practice:

tö pay chö yön gya tsoy lek tam shing
I pour oceans of the drinking water of study,

tsul trim nam dak dri yi duk pö tul
Waft the scents of the incense of pure discipline,

tsö pa nye pa nam jong dri chap tam
Pour the scented water of debate that cleanses faults,

tsom pa dep lek nyen pay rol mo sok
And play the sweet tune of elegant composition.

la me la ma gyal wa se dang che
To the great lama, the victors, and their children—

tön pa chok gi ji tar ten pa shin
I offer this to the succession of Kagyus,

shing nam kün tu nup me bar dze pa
Shine brilliantly in all realms, never waning,

nam tra rik pay me tok kün tu tram
Strew everywhere the flowers of brilliant awareness,

che pa nyin mor che pay drön me bar
Light the lamps of explanation, bright as daylight,

sam ten ro gya den pay shal se sham
Lay out the hundred-flavored food of meditation,

pak nam gye che chö pa di dak gi
I offer all of this that pleases the nobles

chö par ö pay kyap kün chö par gyi
To all the venerable sources of refuge.

gyu dang dre buy tek pa rap sal war
Who make the vehicles of cause and result

ka gyü rim par jon nam chö par gyi
Just as they were taught by our supreme Teacher.

Offer a mandala with thirty-seven piles as well.

Praises From The Sutra Requested by Noble Rashtrapala:

tsen chok den pa dri me da way shal
You have the supreme marks; your face, a stainless moon.

ser dok dra wa khyö la chak tsal tö
Your color is like gold; I praise and prostrate to you.

dul dral khyö dra si pa sum ma chi
Immaculate, there's none like you in the three worlds.

nyam me khyen chen khyö la chak tsal tö
You've great and peerless wisdom; I praise and prostrate to you.

The following praise of the Tathagata is said to have been offered by the four daughters of Mara:

nam dak ku nga chok tu suk sang wa
Your body is utterly pure, your form supremely handsome.

ye she gya tso ser gyi lhün po dra
Ocean of wisdom, you are like a mountain of gold.

drak pa jik ten sum na lhang nge wa
Your fame resounds throughout all the three worlds.

gön po chok nye khyö la chak tsal tö
We praise and prostrate to you, the supreme protector.

The following praise of the Tathagata is said to have been offered by the four great kings:

gyal wa da wa dri ma me pay ku
The Victor's body is a stainless moon.

gyal wa nyi ma ö ser tong gi ö
The Victor shines the light of a thousand suns.

gyal wa pe ma dri ma me pay chen
The Victor's eyes are stainless lotuses.

gyal wa me tok pe ts dül me tsem
The Victor's teeth, immaculate lotus roots.

gyal way yön ten gya tso ta bu te
The Victor's qualities are like an ocean

rin po che ni du may jung ne gyur
That is the font of many precious gems.

རྒྱལ་བ་རྒྱ་མཚོ་ཡེ་ཤེས་ཆུ་ཡིས་གང་།
gyal wa gya tso ye she chu yi gang
The Victor, an ocean filled with wisdom's waters,

ཏིང་འཛིན་བརྒྱ་ཕྲག་སྟོང་གིས་ཀུན་ཏུ་གང་།
ting dzin gya trak tong gi kün tu gang
Is wholly filled with millions of samadhis.

རྒྱལ་བའི་ཞབས་ནི་འཁོར་ལོ་བྲིས་པ་སྟེ།
gyal way shap ni khor lo dri pa te
Two wheels are drawn upon the Victor's feet

འཁོར་ཡུག་མུ་ཁྱུད་དེ་བཞིན་རྩིབས་མ་སྟོང་།
khor yuk mu khyü de shin tsip ma tong
With outer rims, a thousand spokes as well.

ཕྱག་དང་ཞབས་ནི་དྲ་བས་སྦྲེལ་པ་སྟེ།
chak dang shap ni dra way dre pa te
His hands and feet are graced with webs of skin;

ཞབས་ཀྱི་དྲ་བ་ངང་པའི་དབང་པོ་བཞིན།
shap kyi dra wa ngang pay wang po shin
His feet are webbed just like the lord of swans.

གསེར་གྱི་རི་བོ་ལྟ་བུར་རབ་ཏུ་གདའ།
ser gyi ri wo ta bur rap tu da
He is so very like a golden mountain!

རྒྱལ་བ་དྲི་མེད་གསེར་གྱི་རི་དབང་པོ།
gyal wa dri me ser gyi ri wang po
The Victor, stainless, golden king of mountains,

ཡོན་ཏན་ཐམས་ཅད་རི་དབང་འདྲ་བ་སྟེ།
yön ten tam che ri wang dra wa te
Is like the Meru of all qualities

སངས་རྒྱས་རི་དབང་རྒྱལ་ལ་ཕྱག་འཚལ་བསྟོད།
sang gye ri wang gyal la chak tsal tö
I prostrate to the Buddha, lord of mountains.

དེ་བཞིན་གཤེགས་པ་ཟླ་བ་ཆུ་ཟླ་འདྲ།
de shin shek pa da wa chu da dra
Tathagata, like the moon, a moon in water,

ནམ་མཁའ་དང་ཡང་མཚུངས་ཤིང་འདྲ་བ་སྟེ།
nam kha dang yang tsung shing dra wa te
Is equal to and like the sky as well.

སྒྱུ་མ་སྨིག་རྒྱུ་ལྟ་བུར་ཆགས་པ་མེད།
gyu ma mik gyu ta bur chak pa me
Illusory and mirage-like, nothing clings.

རྒྱལ་བ་དྲི་མ་མེད་ལ་ཕྱག་འཚལ་བསྟོད།
gyal wa dri ma me la chak tsal tö
I prostrate to the Victor, free of stains.

བླ་མ་མཆོད་པ་ཡོན་ཏན་ཀུན་འབྱུང་ལས།

From The Offerings to the Gurus "Source of All Qualities":

སྐུ་ལ་ཚད་མེད་བགྲང་དུ་མེད།
ku la tse me drang du me
Your body, beyond measure or count,

ནམ་མཁའ་དང་ནི་མཉམ་གྱུར་ཅིང་།
nam kha dang ni nyam gyur ching
Is equal to space—indestructible,

སྣ་ཚོགས་དབང་ཕྱུག་མི་ཤིགས་པ།
na tsok wang chuk mi shik pa
The master of the myriad:

རྡོ་རྗེའི་སྐུ་ལ་ཕྱག་འཚལ་བསྟོད།
dor jey ku la chak tsal tö
I praise and prostrate to your vajra body.

A Ritual of Offerings to the Gurus

tam che tong pay cho trul le
Out of the miracle of all being empty,

gyu trul chen po che way dak
The glorious essence of five elements:

dü ma che shing lhün gyi drup
Noncomposite, yet spontaneously present;

suk me suk sang dam pay chok
Formless, yet the finest supreme fine form:

tok tar dro ong mi nga shing
You have no beginning, no end,
no coming or going,

dro dön chir yang tön dze pay
And yet display whatever benefits beings:

nam trul gyu may kur ten ne
Your emanations as illusory bodies

nam dröl dre bu ter dze pay
Bestowing the result, full liberation:

ku yi nam trul re re kyang
Each one of your emanated bodies

gö dö yi shin kong dze pay
In infinite realms just as they wish:

jung ngay dak nyi rang jung pal
Arises of his own the great lord of illusions,

dor jey ku la chak tsal tö
I praise and prostrate to your vajra body.

ngö me ngö kün dak nyi chen
Nothing, yet the essence of all things;

dor jey ku la chak tsal tö
I praise and prostrate to your vajra body.

kye jik du dral mi nga yang
No birth or perishing, no joining or parting,

dor jey ku la chak tsal tö
I praise and prostrate to your vajra body.

na tsok gyu may gar dze ching
Perform the dance of myriad illusions,

dor jey ku la chak tsal tö
I praise and prostrate to your vajra body.

sem chen kham ni pak me pay
Fulfills the needs and desires of beings

dor jey ku la chak tsal tö
I praise and prostrate to your vajra body.

ji si khor wa de si du
For as long as there is samsara,

tuk jey chak kyü dro wa dren
Guides beings with the hook of compassion:

jö du me pay ngang nyi le
Out of an inexpressible state

chok chu kün tu drok dze pa
Everywhere in the ten directions:

si sum dro wa ma lü pay
Your voice delights and sates the ears

tam che yi dang tün gyur pay
As suited best to each of them:

sung gi jö pa re re kyang
Each single utterance you speak

tar pay lam chok tön dze pay
And shows the supreme path to freedom:

shi sok le nam tam che kün
When you merely mention an act

tsul shin du ni drup gyur pay
It is accomplished accordingly:

ku la dze pa gyün mi che
The ceaseless activity of your bodies

dor jey ku la chak tsal tö
I praise and prostrate to your vajra body.

tsang pa la sok nyen pa yang
You sound sweet melodies such as Brahma's

nam dak sung la chak tsal tö
I praise and prostrate to your utterly pure speech.

na way wang po tsim dze ching
Of every being in the three worlds

nam dak sung la chak tsal tö
I praise and prostrate to your utterly pure speech.

ma rik mün pa sel dze ching
Dispels the darkness of ignorance

nam dak sung la chak tsal tö
I praise and prostrate to your utterly pure speech.

shal ne jö pa tsam gyi ni
Of pacifying and so forth,

nam dak sung la chak tsal tö
I praise and prostrate to your utterly pure speech.

A Ritual of Offerings to the Gurus

ཟབ་ཅིང་རྒྱ་ཆེའི་གསུང་དབྱངས་ཀྱིས།
sab ching gya chey sung yang kyi
Your profound and vast melodies

ཡིད་བདེ་དྭང་བ་སྟེར་མཛད་པའི།
yi de dang wa ter dze pay
Bestowing sincere happiness:

འགྲོ་བའི་དགོས་འདོད་ཐམས་ཅད་ཀུན།
dro way gö dö tam che kün
All needs and wishes of wanderers

ཕུན་སུམ་ཚོགས་པར་འབྱུང་གྱུར་པའི།
pun sum tsok par jung gyur pay
Your greatly compassionate aspirations:

གསུང་གི་རྣམ་སྤྲུལ་རང་བྱུང་གསུང་།
sung gi nam trul rang jung sung
Your vocal emanations self-arisen,

ཆོས་ཀྱི་སྒྲ་ནི་འབྱུང་གྱུར་པའི།
chö kyi dra ni jung gyur pay
Within the sky and all such things:

ཕུང་པོ་ཁམས་དང་སྐྱེ་མཆེད་དང་།
pung po kham dang kye che dang
Completely freed from any thought

རྟོག་པ་ཀུན་ལས་རྣམ་པར་གྲོལ།
tok pa kün le nam par drol
Perceiver, perceived, or anything else:

བསམ་གྱིས་མི་ཁྱབ་དཔག་ཏུ་མེད།
sam gyi mi khyap pak tu me
Beyond conception, beyond all measure,

མཉམ་པ་མེད་ཅིང་དཔེ་མེད་པའི།
nyam pa me ching pe me pay
Unequalled, and incomparable:

ཐེ་ཚོམ་དྲ་བ་གཅོད་མཛད་ཅིང་།
te tsom dra wa chö dze ching
Of speech cut through the webs of doubt,

རྣམ་དག་གསུང་ལ་ཕྱག་འཚལ་བསྟོད།
nam dak sung la chak tsal tö
I praise and prostrate to your utterly pure speech.

ཐུགས་རྗེ་ཆེན་པོའི་སྨོན་ལམ་གྱིས།
tuk je chen poy mön lam gyi
Spring forth abundantly out of

རྣམ་དག་གསུང་ལ་ཕྱག་འཚལ་བསྟོད།
nam dak sung la chak tsal tö
I praise and prostrate to your utterly pure speech.

ནམ་མཁའ་ལ་སོགས་དངོས་རྣམས་ལ།
nam kha la sok ngö nam la
The sound of Dharma issues forth

རྣམ་དག་གསུང་ལ་ཕྱག་འཚལ་བསྟོད།
nam dak sung la chak tsal tö
I praise and prostrate to your utterly pure speech.

གཟུང་དང་འཛིན་པ་ལ་སོགས་པའི།
sung dang dzin pa la sok pay
Of aggregate, element, sense base,

ཡེ་ཤེས་ཐུགས་ལ་ཕྱག་འཚལ་བསྟོད།
ye she tuk la chak tsal tö
I praise and prostrate to your mind of pristine wisdom.

ཚད་མེད་གཞལ་དུ་མེད་གྱུར་ཅིང་།
tse me shal du me gyur ching
Inestimable, beyond appraisal,

ཡེ་ཤེས་ཐུགས་ལ་ཕྱག་འཚལ་བསྟོད།
ye she tuk la chak tsal tö
I praise and prostrate to your mind of pristine wisdom.

khor de chö nam ma lü kün
Your mind knows every phenomenon

kha tar dri ma mi nga way
Like space, it has no stains at all:

jik ten chö pa na tsok kün
You see all various worldly acts

kye jik me par khyen gyur pay
And know there's no birth, no perishing:

dü sum she ja ma lü kün
In a single instant you know that each knowable

ke chik nyi la khyen gyur pa
Has no arising and no basis:

kye wa me ching gak pa me
Unborn, unceasing, without focus,

tsen nyi me pay tsen nyi chen
Is that it lacks all characteristics:

nam dak trö dang dral way tuk
Your pure mind, free of elaboration,

nyi kyi tuk su khyen gyur ching
Of samsara and of nirvana;

ye she tuk la chak tsal tö
I praise and prostrate to your mind of pristine wisdom.

kün dzop gyu ma tar sik shing
Are relative, like to illusions,

ye she tuk la chak tsal tö
I praise and prostrate to your mind of pristine wisdom.

kye wa me ching shi me par
Of the three times without exception

ye she tuk la chak tsal tö
I praise and prostrate to your mind of pristine wisdom.

mik me rap tu mi ne pa
Not dwelling at all, its characteristic

ye she tuk la chak tsal tö
I praise and prostrate to your mind of pristine wisdom.

kyön pang tuk jey dak nyi chen
All flaws discarded, in essence compassion,

sang gye trin le dze pa po
Performs the activity of a buddha:

ye she tuk la chak tsal tö
I praise and prostrate to your mind of pristine wisdom.

The confession of wrongdoing:
From The Sutra of the Hundredfold Homage for Amending Breaches:

dak chak gi kye wa di dang kye wa tok ma dang ta ma ma chi pa ne si pa sum gyi
I admit and confess all of the misdeeds and wrong acts I have done, told others to do, or rejoiced

khor wa na khor shing dö chak dang   she dang dang   ti muk sum gyi wang gi lü
in when done by others with body, speech, or mind, out of desire, anger, or ignorance during this

dang   ngak dang   yi kyi go ne mi ge wa chu dang   tsam me pa nga la sok te
life and throughout my beginningless and endless series of births while circling through the three

sung rap kün le gal way dik pa mi ge way le dak gi chi gyi pa dang   shen la chol
realms of samsara, including the ten nonvirtues, the five heinous acts, and all acts contradictory to

wa dang   shen gyi pa la je su yi rang wa de dak dül tsam bak tsam yang ma lü
all the scriptures. Not leaving out even the tiniest speck, I admit and confess them. I purify and

par töl shing shak so   jang shing sal to   shik ching dön no   mi chap bo   mi be
remove them. I destroy and expunge them. I conceal none of them. I hide none of them. I will

do   mi nyen mi gyi do
neither pursue nor perform any of them again!

Also recite The Sutra in Three Sections.

The vows of refuge and bodhichitta: From the ritual for the generation of bodhichitta by the noble master Nagarjuna:

sang gye dang jang chup sem pa tam che dak la gong su söl   dak ming
All buddhas and bodhisattvas, please think of me.

[say your name] she gyi way sang gye kyi dung gyün mi che par gyi way le du
In order that the line of the descendants of the buddhas be unbroken, from this time onward

dü di ne sung te   jang chup kyi nying po la ne kyi bar du   yang dak par dzok pay
until I dwell in the essence of awakening I, [name], go for refuge to the complete and

sang gye kang nyi kyi chok la kyap su chi te   tuk je chen po dang den pa
perfect buddhas, supreme among all who walk on two feet:

tam che khyen pa   tam che sik pa   jik pa tam che dang dral wa   kye bu chen
I go for refuge to those with great compassion, the omniscient, all-seeing, utterly fearless great

po   kye bu khyu chok   ku sam gyi mi khyap pa   la na me pay ku   chö kyi ku
beings, the leaders of beings, who possess the inconceivable body, the unsurpassable body,

nga wa la kyap su chi o
the dharmakaya.

chö dö chak dang dral way chok la kyap su chi te   la na me pa   de shin shek pa
I go for refuge to the Dharma, supreme among all that is free of desire:

la nga wa   shi wa chö kyi ku so sor rang gi rik pa la kyap su chi o
I go for refuge to that possessed by the tathagatas, the peaceful dharmakaya known distinctly by itself.

A Ritual of Offerings to the Gurus

དགེ་འདུན་དུལ་བ་ཚོགས་ཀྱི་མཆོག་ལ་སྐྱབས་སུ་མཆི་སྟེ། ཕྱོགས་བཞིའི་འཕགས་པ་ཕྱིར་མི་ལྡོག་པའི

gen dün dul wa tsok kyi chok la kyap su chi te   chok shiy pak pa chir mi dok pay

I go for refuge to the Sangha, supreme among peaceful communities:

བྱང་ཆུབ་སེམས་དཔའ་ཆེན་པོའི་དགེ་འདུན་ལ་སྐྱབས་སུ་མཆིའོ། །

jang chup sem pa chen poy gen dün la kyap su chi o (3x)

I go for refuge to the Sangha of irreversible great bodhisattvas, the aryas of the four directions.

དེ་སྐད་ལན་གསུམ་བཟླ། སྐྱབས་སུ་འགྲོ་བའོ། །

Repeat that three times. That was taking refuge.

སངས་རྒྱས་དང་བྱང་ཆུབ་སེམས་དཔའ་ཐམས་ཅད་བདག་ལ་དགོངས་སུ་གསོལ།

sang gye dang jang chup sem pa tam che dak la gong su söl

All buddhas and bodhisattvas, please think of me.

བདག་མིང་འདི་ཞེས་བགྱི་བ་དུས་འདི་ནས་བཟུང་སྟེ། བྱང་ཆུབ་ཀྱི་སྙིང་པོ་ལ

dak ming *[say your name]* she she gyi wa dü di ne sung te   jang chup kyi nying po la

From this time onward until I dwell in the essence of awakening, I, [name],

ལ་གནས་ཀྱི་བར་དུ། སངས་རྒྱས་དང་བྱང་ཆུབ་སེམས་དཔའ་ཐམས་ཅད་ལ་དུས་ཇི་ལྟ་བ་དང་སྟོབས

ne kyi bar du   sang gye dang jang chup sem pa tam che la dü ji ta wa tang top

offer myself to all buddhas and bodhisattvas for all time and

ཅི་མཆིས་པ་བཞིན་དུ་བདག་འབུལ་ཞིང་མཆིས་ན། མགོན་པོ་ཐུགས་རྗེ་ཆེན་པོ་དང་ལྡན་པ་དག

chi chi pa shin du dak bul shing chi na   gön po tuk je chen po dang den pa dak

with all my strength. I pray that the compassionate protectors

བདག་བཞེས་སུ་གསོལ། །

dak she su söl (3x)

accept me!

དེ་སྐད་ལན་གསུམ་བཟླ། བདག་འབུལ་བའོ། །

Repeat three times. That was offering oneself.

སངས་རྒྱས་དང་བྱང་ཆུབ་སེམས་དཔའ་ཐམས་ཅད་བདག་ལ་དགོངས་སུ་གསོལ། ཇི་ལྟར་སྔོན་གྱི་དེ

sang gye dang jang chup sem pa tam che dak la gong su söl   ji tar ngön gyi de

All buddhas and bodhisattvas, please think of me. Just as the tathagatas, arhats, complete

བཞིན་གཤེགས་པ་དགྲ་བཅོམ་པ་ཡང་དག་པར་རྫོགས་པའི་སངས་རྒྱས་དག་སྔོན་བྱང་ཆུབ

shin shek pa dra chom pa yang dak par dzok pay sang gye dak ngön jang chup

and perfect buddhas of the past while engaging in the conduct of a bodhisattva generated

སེམས་དཔའི་སྤྱོད་པ་སྤྱོད་པའི་ཚེ། སེམས་ཅན་ཐམས་ཅད་བསྒྲལ་བ་དང་། སེམས་ཅན་ཐམས་

sem pay che pa chö pay tse   sem chen tam che dral wa dang   sem chen tam
the resolve to achieve unsurpassable, complete and perfect awakening

ཅད་དགྲོལ་བ་དང་། སེམས་ཅན་ཐམས་ཅད་དབུགས་དབྱུང་བ་དང་། སེམས་ཅན་ཐམས་ཅད་ཡོངས་

che dröl wa dang   sem chen tam che uk yung wa dang   sem chen tam che yong
in order to free all beings, release all beings, inspire all beings,

སུ་མྱ་ངན་ལས་འདའ་བ་དང་། སེམས་ཅན་ཐམས་ཅད་ཐམས་ཅད་མཁྱེན་པའི་ཡེ་ཤེས་ལ་དགོད་

su nya ngen le da wa dang   sem chen tam che tam che khyen pay ye she la gö
bring all beings to parinirvana, and establish all beings in omniscient pristine wisdom,

པའི་སླད་དུ། ཇི་ལྟར་བླ་ན་མེད་པ་ཡང་དག་པར་རྫོགས་པའི་བྱང་ཆུབ་ཏུ་ཐུགས་བསྐྱེད་པ་དེ་

pay le du   ji tar la na me pa yang dak par dzok pay jang chup tu tuk kye pa de
so too shall I, [name], from this time onward until

བཞིན་དུ། བདག་མིང་འདི་ཞེས་བགྱི་བ་ཡང་དུས་འདི་ནས་བཟུང་སྟེ། བྱང་ཆུབ་

shin du   dak ming [say your name] she gyi wa yang dü di ne sung te   jang chup
I reach the essence of enlightenment,

ཀྱི་སྙིང་པོ་ལ་མཆིས་ཀྱི་བར་དུ་སེམས་ཅན་ཐམས་ཅད་བསྒྲལ་བ་དང་། སེམས་ཅན་ཐམས་ཅད་

kyi nying po la chi kyi bar du sem chen tam che dral wa dang   sem chen tam che
generate the intention to achieve unsurpassable complete and

དགྲོལ་བ་དང་། སེམས་ཅན་ཐམས་ཅད་དབུགས་དབྱུང་བ་དང་། སེམས་ཅན་ཐམས་ཅད་ཡོངས་སུ་

drol wa dang   sem chen tam che uk yung wa dang   sem chen tam che yong su
perfect awakening in order to free all beings, release all beings,

མྱ་ངན་ལས་འདའ་བ་དང་། སེམས་ཅན་ཐམས་ཅད་ཐམས་ཅད་མཁྱེན་པའི་ཡེ་ཤེས་ལ་དགོད་པའི་

nya ngen le da wa dang   sem chen tam che tam che khyen pay ye she la gö pay
inspire all beings, bring all beings to parinirvana, and establish all beings

སླད་དུ་བླ་ན་མེད་པ་ཡང་དག་པར་རྫོགས་པའི་བྱང་ཆུབ་ཏུ་སེམས་བསྐྱེད་དོ། །

le du la na me pa yang dak par dzok pay jang chup tu sem kye do
in omniscient pristine wisdom.

ཇི་ལྟར་སྔོན་གྱི་སངས་རྒྱས་བཅོམ་ལྡན་འདས་རྣམས་དང་། བྱང་ཆུབ་སེམས་དཔའ་ཆེན་པོ་དེ་

ji tar ngön gyi sang gye chom den de nam dang   jang chup sem pa chen po de
Just as the bhagavan buddhas and great bodhisattvas of the past

A Ritual of Offerings to the Gurus 115

དག་གིས་དངོས་པོ་ཐམས་ཅད་དང་བྲལ་བ། ཕུང་པོ་དང་། ཁམས་དང་། སྐྱེ་མཆེད་དང་།
dak gi ngö po tam che dang dral wa   pung po dang   kham dang   kye che dang
roused the bodhichitta of the essential nature of emptiness, free of all things,

གཟུང་བ་དང་འཛིན་པ་རྣམ་པར་སྤངས་པ། ཆོས་བདག་མེད་པ་མཉམ་པ་ཉིད་ཀྱི་རང་གི
sung wa dang dzin pa nam par pang pa   chö dak me pa nyam pa nyi kyi rang gi
having abandoned the aggregates, elements, sense bases, perceiver, and perceived,

སེམས་གཞོན་མ་ནས་མ་སྐྱེས་པ། སྟོང་པ་ཉིད་ཀྱི་ངོ་བོ་ཉིད་ཀྱི་བྱང་ཆུབ་ཀྱི་སེམས་བསྐྱེད་
sem sö ma ne ma kye pa   tong pa nyi kyi ngo wo nyi kyi jang chup kyi sem kye
their minds primordially unborn through the selflessness

པ་དེ་བཞིན་དུ། བདག་མིང་འདི་ཞེས་བགྱི་བ་ཡང་དུས་འདི་ནས་བཟུང་སྟེ།
pa de shin du   dak ming [say your name] di she gyi wa yang dü di ne sung te
of dharmas and equality, so too shall I, [name], rouse bodhichitta

བྱང་ཆུབ་ཀྱི་སྙིང་པོ་ལ་མཆིས་ཀྱི་བར་དུ་བྱང་ཆུབ་ཏུ་སེམས་བསྐྱེད་དོ། །
jang chup kyi nying po la chi kyi bar du jang chup tu sem kye do
from this time onward until I reach the essence of enlightenment.

ཇི་ལྟར་སྔོན་གྱི་དེ་བཞིན་གཤེགས་པ་དགྲ་བཅོམ་པ་ཡང་དག་པར་རྫོགས་པའི་སངས་རྒྱས་དེ་
ji tar ngön gyi de shin shek pa dra chom pa yang dak par dzok pay sang gye de
Just as the tathagatas, arhats, complete and perfect buddhas of the past

དག་གིས་བདུད་དཔུང་དང་བཅས་པ་ཕམ་པར་མཛད་དེ། ཉིད་མངོན་པར་རྫོགས་པར་སངས་རྒྱས་པ་
dak gi dü pung dang che pa pam par dze de   nyi ngön par dzok par sang gye pa
defeated Mara and his hordes and awakened to true and perfect

དེ་བཞིན་དུ། བདག་མིང་འདི་ཞེས་བགྱི་བ་ཡང་བདུད་དཔུང་དང་བཅས་པ་མཐར་
de shin du   dak ming [say your name] she gyi wa yang dü pung dang che pa ta
buddhahood themselves, so too shall I, [name], defeat Mara and all his hordes

དག་ཕམ་པར་བགྱིས་ཏེ། བདག་མངོན་པར་རྫོགས་པར་འཚང་རྒྱ་བར་བགྱིའོ། །
dak pam par gyi te   dak ngön par dzok par tsang gya war gyi o
and awaken to true and perfect buddhahood.

ཇི་ལྟར་སྔོན་གྱི་དེ་བཞིན་གཤེགས་པ་དགྲ་བཅོམ་པ་ཡང་དག་པར་རྫོགས་པའི་སངས་རྒྱས་དེ་
ji tar ngön gyi de shin shek pa dra chom pa yang dak par dzok pay sang gye de
Just as the tathagatas, arhats, complete and perfect buddhas of the past

dak gi nyi ngön par dzok par sang gye ne chö kyi khor lo kor wa de shin du
awakened to true and perfect buddhahood and then turned

dak ming *[say your name]* she gyi wa yang ngön par dzok par sang gye te chö kyi
the wheel of Dharma, so too shall I, [name], awaken to true and perfect buddhahood

khor lo rap tu kor war gyi o
and then turn the wheel of Dharma.

ji tar ngön gyi de shin shek pa dra chom pa yang dak par dzok pay sang gye de
Just as the tathagatas, arhats, complete and perfect buddhas of the past

dak gi nyi ngön par dzok par sang gye ne tsok yong su dü pa de shin du
awakened to true and perfect buddhahood and then gathered a Sangha,

dak ming *[say your name]* she gyi wa yang ngön par dzok par sang gye te tsok yong
so too shall I *[say your name]* awaken to true and perfect buddhahood

su du war gyi o
and then gather a Sangha.

From The Way of the Bodhisattva:

jang chup nying por chi kyi bar	sang gye nam la kyap su chi
Until I reach enlightenment's essence,	I go for refuge to the buddhas.
chö dang jang chup sem pa yi	tsok la'ang de shin kyap su chi
I go for refuge to the Dharma	And Sangha of bodhisattvas, too.

ji tar ngön gyi de shek kyi
Just as the sugatas of the past

jang chup sem pay lap pa la
Just as they followed step-by-step

de shin dro la pen dön du
So too shall I, to benefit wanderers,

de shin du ni lap pa la'ang
So too shall I, follow step-by-step,

jang chup tuk ni kye pa dang
Aroused the mind of bodhichitta;

de dak rim shin ne pa tar
The training of the bodhisattvas,

jang chup sem ni kye gyi shing
Arouse the mind of bodhichitta.

rim pa shin du lap par gyi
The bodhisattva's training.

Rejoicing: From The Way of the Bodhisattva:

sem chen kün gyi ngen song gi
With joy I celebrate the virtue that relieves all beings

duk ngel chen dak der ne la
Exulting in the happy states enjoyed

jang chup gyur gyur ge sak pa
I revel in the stores of virtue,

lü chen khor way duk ngel le
And celebrate the freedom won

kyop pa nam kyi jang chup dang
And in the Buddhahood of the protectors I delight

duk ngel ngel soy ge wa dang
From the sorrows of the states of loss,

ga way je su yi rang ngo
By those who yet are suffering.

de la je su yi rang ngo
Cause of gaining the enlightened state,

nge par tar la yi rang ngo
By living beings from the round of pain.

gyal se sa la'ang yi rang ngo
And in the grounds of realization of the Buddhas' heirs.

sem chen tam che de dze pay
Their enlightened attitude, an ocean of great good,

sem chen pen par dze pa la
And every action for the benefit of beings:

tuk kye ge wa gya tso dang
That seeks to place all beings in the state of bliss,

ga way je su yi rang ngo
Such is my delight and joy.

The request to turn the wheel of Dharma:

chok nam kün gyi sang gye la
And so I join my hands and pray

sem chen duk ngel mün tom la
Kindle now the Dharma's light

tal mo jar te söl wa ni
The Buddhas who reside in every quarter:

chö kyi drön me bar du söl
For those who grope, bewildered, in the dark of pain!

Beseeching not to pass into nirvana:

gyal wa nya ngen da she la
I join my hands beseeching the enlightened ones

dro di dong par mi gö ching
Do not leave us wandering in blindness,

tal ma jar te söl wa ni
Who wish to pass into nirvana:

kal pa drang me shuk par söl
Stay among us for unnumbered ages!

Aspirations and dedications:

de tar di dak kün che te
Through all these actions now performed

ge wa dak gi sak pa gang
And all the virtues I have gained,

de ni sem chen tam che kyi
May all the pain of every living being

dro wa ne pa ji si du
For all those ailing in the world,

men dang men pa nyi dak dang
May I myself become for them

se dang kom gyi char pap te
Raining down a flood of food and drink,

mu gey kal pa bar may tse
And in the aeons marked by scarcity and want,

sem chen pong shing ul wa la
For sentient beings, poor and destitute,

yo che kho gu na tsok su
And lie before them closely in their reach,

lü dang de shin long chö dang
My body thus, and all my goods besides,

sem chen kün gyi dön drup chir
I give them all and do not count the cost,

tam che tang way nya ngen da
Nirvana is attained by giving all,

duk ngel tam che sal war shok
Be wholly scattered and destroyed!

ne sö gyur gyi bar du ni
Until their every sickness has been healed,

de yi ne yok che par shok
The doctor, nurse, the medicine itself.

tre dang kom pay duk ngel sal
May I dispel the ills of thirst and famine.

dak ni se dang kom du gyur
May I myself appear as drink and sustenance.

dak ni me se ter gyur te
May I become a treasure ever-plentiful,

dün na nye war ne gyur chik
A varied source of all that they might need.

dü sum ge wa tam che kyang
And all my merits gained and to be gained,

pang pa me par tang war ja
To bring about the benefit of beings.

dak lo nya ngen de pa drup
Nirvana is the object of my striving;

tam che tong war chap chik la
And all must be surrendered in a single instant,

dak gi lü chen tam che la
This body I have now resigned

tak tu sö dang mö pa dang
Let them ever kill, despise, and beat it,

dak gi lü la tse che dam
And though they treat it like a toy,

dak gi lü di jin sin gyi
My body has been given up to them.

de la nö par mi gyur way
And so let beings do to me

dak la mik ne nam du yang
Whenever they may think of me,

dak la mik ne gang dak gi
And if in my regard they have

de nyi tak tu de dak gi
May these states always be the cause

gang dak dak la kha ser ram
All those who slight me to my face

sem chen nam la tong wa chok
Therefore it is best to give it all to others.

lü di chi der jin sin gyi
To serve the pleasure of all living beings.

dek sok chi gar che la rak
Using it according to their wish.

cho dri ga shay gyu che kyang
Or make of it the butt of every mockery,

di yi kha te chi shik ja
Why should I make so much of it?

le gang yin pa che du chuk
Whatever does not bring them injury.

ga yang dön me ma gyur chik
Let this not fail to bring them benefit.

tro am de pay sem jung wa
A thought of anger or respect,

dön chen drup pay gyur gyur chik
Whereby their good and wishes are fulfilled.

shen dak nö pa che pa'am
Or do to me some other evil,

A Ritual of Offerings to the Gurus

de shin char ka tong yang rung	Even if they blame or slander me,
dak ni gön me nam kyi gön	May I be a guard for those who are protectorless,
gal dö nam kyi dru dang ni	For those who wish to cross the water,
ling dön nyer la ling dang ni	May I be an isle for those who yearn for land,
dak ni lü chen dren dö pa	For those who need a resting place, a bed;
yi shin nor dang bum pa sang	May I be the wishing jewel, the vase of wealth,
pak sam gyi ni shing dak dang	May I be the tree of miracles,
sa sok jung wa chen po dang	Just like the earth and space itself
sem chen pak tu me pa yi	For boundless multitudes of beings
de shin nam khay tay tuk pay	Thus for everything that lives
tam che jang chup kal den gyur	May they attain the fortune of enlightenment!
lam shuk nam kyi de pön dang	A guide for those who journey on the road.
sing dang sam pa yi du gyur	May I be a boat, a raft, a bridge.
ne mal dö la ne mal dang	A lamp for those who long for light;
kün gyi dren du gyur war shok	For those who need a servant, may I be their slave.
rik ngak drup dang men chen dang	A word of power and the supreme healing,
lü chen nam kyi dö jor gyur	For every being the abundant cow.
nam kha shin du tak par yang	And all the other mighty elements,
nam mang nyer tsoy shir yang shok	May I always be the ground of life, the source of varied sustenance.
sem chen kham la nam kün tu	As far as are the limits of the sky

tam che nya ngen de bar du　　dak ni nyer tsoy gyur yang shok
May I be constantly their source of livelihood　　Untill they pass beyond all sorrow.

Repeat the dharani from the brief Prajnaparamita as an appeal:

tadyathā oṃ mune mune mahāmunaye svāhā
TADYATHĀ OṂ MUNE MUNE MAHĀMUNAYE SVĀHĀ

Recite it as many times as possible.
The name mantra of all lineage gurus from The Means of Inner Placement *by the wise and attained Karma Chakme is:*

om ā sarva guru hūṃ svāhā
OṂ Ā SARVA GURU HŪṂ SVĀHĀ

This contains all the name mantras. Repeat it as many times as possible.
Imagining the empowerment of great light-rays described in the "Dharma Cloud" chapter of The Sutra of the Ten Levels:

de tar tsen ne jö ching sung day pay kyen gyi de shin shek pa dra chom pa yang
Because we have called him by name and repeated the dharanis,

dak par dzok pay sang gye dang khor de dak gi dzö pu dang kuy ne dak ne tam
the Tathagata Arhat Complete and Perfect Buddha and his retinue emit

che khyen pa nyi kyi ngön par she pa dang den pa she ja way ö ser khor drang
from their brows and from all parts of their bodies innumerable millions of the light rays

me pa gya tong trak chu chu jung te　　de dak gi chok chu tam che kyi jik ten gyi
called the Clairvoyance of the Omniscient. These light rays illuminate

A Ritual of Offerings to the Gurus

ཁམས་ཐམས་ཅད་མ་ལུས་པར་སྣང་བར་བྱས་ནས། འཇིག་རྟེན་ལ་ལན་བཅུ་བསྐོར་བ་བྱས་ཏེ།
kham tam che ma lü par nang war che ne   jik ten la len chu kor wa che te
all the world-realms in the ten directions, circle this world ten times,

དེ་བཞིན་གཤེགས་པའི་རྣམ་པར་འཕྲུལ་བ་ཆེན་པོ་རྣམས་བསྟན། བྱང་ཆུབ་སེམས་དཔའ་བྱེ་བ་
de shin shek pay nam par trul wa chen po nam ten   jang chup sem pa che wa
display the Tathagata's great miracles, exhort billions upon billions of bodhisattvas,

ཕྲག་ཁྲིག་བརྒྱ་སྟོང་ཕྲག་མང་པོ་བསྐུལ། སངས་རྒྱས་ཀྱི་ཞིང་རབ་འབྱམས་ཐམས་ཅད་རྣམ་པ་
trak trik gya tong trak mang po kül   sang gye kyi shing rap jam tam che nam pa
shake all the innumerable buddha realms six times, pacify all birth and death in lower realms,

དྲུག་ཏུ་བསྐྱོད། བདུད་སྡོང་ཐམས་ཅད་ཀྱི་འཚེ་འཕོ་དང་། འགྲོ་བར་སྐྱེ་བ་རབ་ཏུ་ཞི་བར་
druk tu kyö   ngen song tam che kyi chi po dang   dro war kye wa rap tu shi war
darken all the abodes of Mara, show all the seats everywhere where all the tathagatas awaken to

བྱས། བདུད་ཀྱི་གནས་ཐམས་ཅད་མོག་མོག་པོར་བྱས། དེ་བཞིན་གཤེགས་པ་ཐམས་ཅད་མངོན་པར་རྫོགས་
che   dü kyi ne tam che mok mok por che   de shin shek pa tam che ngön par dzok
truly perfect enlightenment, show the power of the buddhas to bring their retinue into their

པས་བྱང་ཆུབ་པ་རྣམ་པར་སངས་རྒྱས་པའི་སངས་རྒྱས་ཀྱི་གདན་ཀུན་ཏུ་བསྟན། སངས་རྒྱས་
pay jang chup pa nam par sang gye pay sang gye kyi den kün tu ten   sang gye
mandala, illuminate all world-realms throughout the dharmadhatu

ཐམས་ཅད་ཀྱི་འཁོར་གྱི་དཀྱིལ་འཁོར་བཀོད་པའི་མཐུ་རབ་ཏུ་བསྟན། འཇིག་རྟེན་གྱི་ཁམས་ཆོས་ཀྱི་དབྱིངས་
tam che kyi khor kyi kyil khor kö pay tu rap tu ten   jik ten gyi kham chö kyi ying
and the reaches of space, and then return and circle above the

ཀྱིས་ཀླས་པ། ནམ་མཁའི་ཁམས་ཀྱི་མཐའ་གཏུགས་པ་ཐམས་ཅད་སྣང་བར་བྱས་ནས། ཕྱིར་ལོག་སྟེ་སེམས་
kyi le pa   nam khay kham kyi tay tuk pa tam che nang war che ne   chi lok te sem
mandalas of all beings, revealing their great array.

ཅན་གྱི་དཀྱིལ་འཁོར་ཐམས་ཅད་ཀྱི་སྟེང་ནས་བསྐོར་བ་བྱས་ནས་བཀོད་པ་ཆེན་པོ་བསྟན་ཏེ།
chen gyi kyil khor tam che kyi teng ne kor wa che ne kö pa chen po ten te
The light rays then dissolve into the highest extremity of all beings.

འོད་ཟེར་དེ་དག་སེམས་ཅན་ཐམས་ཅད་ཀྱི་ཡན་ལག་གི་དམ་པར་ནུབ་པར་གྱུར། དེའི་འཁོར་གྱི་
ö ser de dak sem chen tam che kyi yen lak gi dam par nup par gyur   deyi khor gyi
The light rays of his retinue also dissolve into the heads of all sentient

ཨོད་ཟེར་རྣམས་ཀྱང་སེམས་ཅན་རྣམས་ཀྱི་མགོར་ནུབ་པར་གྱུར། ཨོད་ཟེར་དེ་དག་གིས་ཕོག་མ་ཐག

ö ser nam kyang sem chen nam kyi gor nup par gyur   ö ser de dak gi pok ma tak

beings. As soon as they are struck by the light, all beings attain

ཏུ་སེམས་ཅན་ཐམས་ཅད་ཀྱིས་སྔོན་མ་ཐོབ་པའི་ཏིང་ངེ་འཛིན་སྟོང་ཕྲག་བཅུ་བཅུ་རབ་ཏུ་

tu sem chen tam che kyi ngön ma top pay ting nge dzin tong trak chu chu rap tu

ten thousand previously unattained samadhis each.

ཐོབ། ཨོད་ཟེར་དེ་དག་ཀྱང་དུས་གཅིག་ཏུ་སེམས་ཅན་ཐམས་ཅད་ཀྱི་ཡན་ལག་གི་དམ་པ་ལ་

top   ö ser de dak kyang dü chik tu sem chen tam che kyi yen lak gi dam pa la

As all those light rays simultaneously descend into their highest

འབབ་པར་གྱུར་ཏེ། སེམས་ཅན་ཐམས་ཅད་ཀྱང་ཡང་དག་པར་རྫོགས་པའི་སངས་རྒྱས་ཀྱི་

bap par gyur te   sem chen tam che kyang yang dak par dzok pay sang gye kyi

extremity, all beings receive the empowerment of complete

ཡུལ་ལ་མངོན་པར་དབང་བསྐུར་བ་ཐོབ་སྟེ། སྟོབས་བཅུ་ཡོངས་སུ་རྫོགས་ནས་ནི། ཡང་དག་པར་

yül la ngön par wang kur wa top te   top chu yong su dzok ne ni   yang dak par

and perfect buddhahood. They totally perfect the ten powers and become

རྫོགས་པའི་སངས་རྒྱས་སུ་བགྲང་བ་ཡང་ཐོབ་པར་གྱུར་བསམ། །

dzok pay sang gye su drang wa yang top par gyur sam

complete and perfect buddhas.

སྨོན་ལམ་གདབ་པ་ནི། དཔང་སྐོང་ཕྱག་བརྒྱ་པའི་མདོ་ལས།

Making aspirations:

From *The Sutra of the Hundredfold Homage for Amending Breaches*:

དུས་འདི་ནས་ནམ་བྱང་ཆུབ་ཀྱི་སྙིང་པོ་ལ་མཆིས་ཀྱི་བར་དུ། དགོངས་པའི་དབང་གིས་ཆེ་དུ་

dü di ne nam jang chup kyi nying po la chi kyi bar du   gong pay wang gi che du

From this time onward until I reach the essence of enlightenment, may I never in any life

སྤྲུལ་པ་མ་གཏོགས་པར་ནམ་ནམ་ཞར་ཞར་ཚེ་ཚེ་རབས་རབས་སུ་ངན་སོང་གསུམ་ལ་སོགས་ཏེ།

trul pa ma tok par nam nam shar shar tse tse rap rap su ngen song sum la sok te

be born in or fall into the three lower realms or other obstructed states

བགེགས་རིགས་ཐམས་ཅད་དུ་མི་སྐྱེ་ཞིང་མི་ལྟུང་བར་ཤོག་ཅིག །ལོག་པ་མི་དགེ་བའི་ལས་ལ་མི་

gek rik tam che du mi kye shing mi tung war shok chik   lok pa mi ge way le la mi

except by intentional emanation. May I never turn toward or commit any wrong, unvirtuous acts.

chok mi gyi par shok chik le dang nyön mong pay gyu la mi chok mi sok par
May I never turn toward or accumulate the causes, karma and the afflictions.

shok chik me pay lü dang duk ngel gyi dre bu kün le tar ne chin che mi nyong
Freed from all inferior bodies and resultant suffering, may I never

war shok chik
experience them again.

dü di ne nam jang chup kyi nying po la chi kyi bar du go sum ne ge wa chu woy
From this time onward until I reach the essence of enlightenment,

gyün shin du gyün mi che par shok chik tse rap gar kye kyang de kyi pun sum
may my three gates be engaged in a stream of virtue as unceasing as a river's current.

tsok pa dang den te sem chen tam che kyi dön ja wa la tu dang wang yö par
Throughout all future lives, wherever I am born, may I possess abundant happiness and comfort

shok chik gang de shin shek pa ba shik gi tuk su chü pay chö la na me pay jang
as well as the ability and power to benefit all beings. May I comprehend without mistake

chup tu dön mi sa war tsang gya way dön de kho na nyi gang yin pa de dak gi
and meditate on suchness, the dharma which is realized only by tathagatas,

kyang ma nor war khong du chü ching gom la shen dak la yang ma nor war tön
the meaning of awakening beyond a doubt to unsurpassed enlightenment. May I also teach it

ching dren par shok chik
unmistakenly to others and guide them to it.

དུས་འདི་ནས་ནམ་བྱང་ཆུབ་ཀྱི་སྙིང་པོ་ལ་མཆིས་ཀྱི་བར་དུ་དཀོན་མཆོག་གསུམ་ལ་སྐྱབས་སུ་མཆི།
dü di ne nam jang chup kyi nying po la chi kyi par du kön chok sum la kyap su chi
From this time onward until I reach the essence of enlightenment,

སྟེ། བདག་ཉིད་ལུས་དབུལ་གྱིས་ཐུགས་རྗེ་ཆེན་པོ་དང་ལྡན་པ་རྣམས་ཀྱིས་སོ་སོ་ནས་རྟག་ཏུ་བཞེས་ཤིག །
te   dak nyi lü ul gyi tuk je chen po dang den pa nam kyi so so ne tak tu she shik
I go for refuge to the Three Jewels. I offer them my bodies. May those with great compassion

ཇི་ལྟར་ན་དུས་གསུམ་གྱི་སངས་རྒྱས་དང་། བྱང་ཆུབ་སེམས་དཔའ་དངོས་པོ་ཐམས་ཅད་དང་བྲལ་
ji tar na dü sum gyi sang gye dang   jang chup sem pa ngö po tam che dang dral
always accept each of them. Just as the buddhas and bodhisattvas of the three times

བ། ཕུང་པོ་དང་། ཁམས་དང་། སྐྱེ་མཆེད་ཀྱིས་མ་ཟིན་པའི་ཆོས་བདག་མེད་པ་དང་
wa   pung po dang   kham dang   kye che kyi ma sin pay chö dak me pa dang
generate the bodhichitta of the nature of emptiness, primordially unborn,

མཉམ་པ། ཐོག་མ་ནས་མ་སྐྱེས་པ། སྟོང་པ་ཉིད་ཀྱི་རང་བཞིན་གྱིས་བྱང་ཆུབ་ཀྱི་སེམས་
nyam pa   tok ma ne ma kye pa   tong pa nyi kyi rang shin gyi jang chup kyi sem
free of all reality, equal to the selflessness of dharmas that is beyond the aggregates,

བསྐྱེད་པ་ལྟར་བདག་མིང་འདི་ཞེས་བགྱིས་བས་ཀྱང་། དུས་འདི་ནས་ནམ་བྱང་ཆུབ་
kye pa tar dak ming [say your name] di she gyi way kyang   dü di ne nam jang chup
elements, or sense bases, so too shall I, [name], from this time onward and until I reach

ཀྱི་སྙིང་པོ་ལ་མཆིས་ཀྱི་བར་དུ་བྱང་ཆུབ་ཏུ་སེམས་བསྐྱེད་པར་བགྱིའོ། །
kyi nying po la chi kyi bar du jang chup tu sem kye par gyi o
the essence of enlightenment, generate bodhichitta.

བྱང་ཆུབ་ཀྱི་སེམས་ནི་ནམ་གཞར་ཡང་མི་སྟོར་ཞིང་དགེ་བའི་བཤེས་གཉེན་དམ་པ་དེ་
jang chup kyi sem ni nam shar yang mi tor shing ge way she nyen dam pa de
May I never, ever forsake bodhichitta, and may I never be separated from

དང་ནམ་ཡང་མི་འབྲལ་བར་ཤོག་ཅིག ཇི་ལྟར་དུས་གསུམ་གྱི་སངས་རྒྱས་དེ་དག་བླ་ན་མེད་
dang nam yang mi dral war shok chik   ji tar dü sum gyi sang gye de dak la na me
true spiritual friends. Just as all buddhas of the three times rejoice

པའི་བསོད་ནམས་ཀྱི་རྗེས་སུ་ཡི་རང་བ་ལྟར། བདག་མིང་འདི་ཞེས་བགྱིས་བས་ཀྱང་
pay sö nam kyi je su yi rang wa tar   dak ming [say your name] di she gyi way kyang
in unsurpassable merit, I, [name], also rejoice in all mundane and supramundane merit.

jik ten dang jik ten le de pay sö nam tam che la je su yi rang ngo
At the time when death is certain, may I actually see the faces

nam chi war nge pay dü de na sang gye dang   jang chup sem pa de dak tam che
of all the buddhas and bodhisattvas. May they extend their golden-colored right hands,

kyi shal ngön sum du tong ne   chak ye pa ser gyi kha dok chen kyang te   dak gi
place them on the crown of my head, and grant me a prophecy.

chi wor shak ne lung nö par gyur chik   dak gi kyang nyön mong pay sem mi trul
May I die with a mind unconfused by the afflictions, with an intention

war chö dak me pa dang tün pay dün pa chen dang   jang chup kyi sem tse me
compatible with the selflessness of phenomena,

pa dang den shin du chi way dü che par shok chik
and with immeasurable bodhichitta.

dor na bak chak ma lü kün jang ne	sö nam ye she tsok nyi yong dzok te
In brief, may I purify all imprints, none excepted,	And then perfect the accumulations of merit and wisdom.
dro wa ma lü jin gyi dral way chir	dak nyi nyur du ngön par sang gye shok
To liberate each and every being through my powers,	May I awaken swiftly to manifest buddhahood.

The true words for the Dharma's flourishing from The Sutra of Chandragarbha:

sem chen dön du dak gi ngön	ka wa gang shik che gyur dang
Through whatever austerities I have undergone	In the past for beings' benefit;

dak gi de wa tang wa yi
And through my giving up pleasure,

nge ngön ne pay dön che du
Through my past sacrifice of my own welfare

sem chen pong pa kyap pay chir
So that beings may be protected from poverty,

bu dang bu mo chung ma dang
Through giving away my sons,

rin chen jang chup chir tang way
And jewels for the sake of precious awakening,

dak gi sang gye rang gyal dang
Through my veneration

drang song dak la chö che pay
Shravakas, parents, and rishis,

kal pa che wa du mar dak
Through my having experienced
    a variety of sufferings

jang chup dön du tö tsal way
In search of learning, for the sake of awakening,

dak gi tül shuk tsul trim dang
Through my enduring morality,

ten pa yün ring bar gyur chik
May the Dharma blaze for a long time.

rang gi tso wa yong tang way
In the service of the sick,

yün ring dak ten bar gyur chik
May the Dharma blaze for a long time.

nor dang lang chen shing ta dang
Daughters, spouses, wealth, elephants, chariots,

ten pa yün ring bar gyur chik
May the Dharma blaze for a long time.

nyen tö pa dang ma dang ni
Of buddhas, pratyekabuddhas,

ten pa yün ring bar gyur chik
May the Dharma blaze for a long time.

duk ngel na tsok nyong gyur ching
Throughout millions of kalpas,

ten pa yün ring bar gyur chik
May the Dharma blaze for a long time.

ka tup yün ring che gyur ching
Discipline, and austerity; and through my having

A Ritual of Offerings to the Gurus

chok chuy sang gye nge tong way
Worshipped the buddhas of the ten directions,

dak ngön tsön drü dang den pa
Through my past diligence,

sem chen tam che dröl dön du
So that all beings may be liberated,

sö tül tak tu ne gyur ching
Through my constant patience and discipline,

sem chen ngen che sö gyur pay
By beings degraded by kleshas,

sam ten nam tar suk me dang
Through the power of my meditation

gom pay de tü dak gi ni
And as many samadhis as the
    Ganges' sand grains,

ye she dön du dak gi ngön
Through my in the past having remained,

ten chö du ma nyer ten pay
And through my past reliance on many
    shastras,

yün ring ten pa bar gyur chik
May the Dharma blaze for a long time.

tak tu ten ching pa röl nön
Always stable and outstanding,

dak ten yün ring bar gyur chik
May the Dharma long blaze.

sem chen nyön mong nyik ma yi
And my patience with abuse

ten pa yün ring ne gyur chik
May the Dharma long blaze.

ting dzin gang gay che nye pa
On the dhyanas, gates of liberation,
    formless states,

ten pa yün ring bar gyur chik
May the Dharma long blaze.

ka tup nak dak ten che shing
For the sake of pristine wisdom, in forests,
    living in austerity;

dak gi ten pa bar gyur chik
May the Dharma long blaze.

tse way gyu yi sha trak dang
Through my having given, out of love,

yen lak nying lak tang wa yi
My life, and my limbs,

dak ngön dik pay sem chen nam
Through my having in the past

tek pa sum la rap kö pay
Establishing them in the three vehicles,

dak ngön tap she gyur pa na
Through my having in the past with means

yang dak ta la rap kö pay
And established them in the authentic view,

dak gi sem chen du ngö shi
Through my having freed beings from
    the kleshas' fire

dak gi pel dik pam che pay
And through my increasing their virtue
    and defeat of evil,

dak gi mu tek chen shen dak
Through my liberation of tirthikas

tso wa yong su tang gyur ching
My flesh, my blood,

chö tsul nam par pel gyur chik
May Dharma flourish.

jam pay sal war min che shing
Lovingly ripened evil beings,

chö kyi chö jin gye gyur chik
May the supreme generosity of Dharma flourish.

sem chen ta ngen le drol che
And wisdom freed beings from inferior views

chö ni nam par pel gyur chik
May Dharma flourish.

nyön mong me le tar gyur ching
Through the four means of nurturing;

dak khor yün ring ne gyur chik
May my assembly long remain.

ta way chu le dral che shing
From the mire of views

A Ritual of Offerings to the Gurus   131

yang dak ta la kö gyur pay
And establishment of them in the authentic view,

dak khor tak tu gü gyur chik
May my assembly be always devoted.

The confession of faults and the request to depart:

ma jor pa dang nyam pa dang
We ask that you be patient with

gang yang dak mong lo yi ni
Anything we've left out or marred,

gyi pa dang ni gyi tsal gang
With anything that we did or

de yang sö par dze du söl
Had others do from ignorance.

dü ngen sem chen sö nam men
We beings of bad times with little merit,

ma rik nyön mong dang dre pay
Polluted by ignorance and the afflictions,

pak pay tuk gong ma dzok pa
Have not fulfilled the wishes of the nobles ones:

de yang sö par dze du söl
We pray that you be patient with this, too.

ser nay wang gyur mi khe pay
We're overcome by stinginess, unskilled,

chö pa ngen shing sham nye pa
So our offerings are poor and badly arranged.

gön po tuk je che den pay
Protectors who have great compassion,

de yang sö par dze du söl
We pray that you be patient with this, too.

bak me chö pa ma dak pay
We ask as well that you be patient with

do le jung way cho ga shin
What we've done wrong or been unable to do

ma chok trul pa chi chi pa
According to the rituals from the sutras

de yang sö par dze du söl
Due to our carelessness and impure conduct.

ལྷག་པ་དང་ནི་ཆད་པ་དང་།

lhak pa dang ni che pa dang

We also beg your patience with

ཚོགས་གཞིའི་ཡན་ལག་ཉམས་པ་དང་། །

cho gay yen lak nyam pa dang

Our adding things and leaving things out,

བདག་གིས་བརྗེད་ངེས་ཅི་མཆིས་པ།

dak gi je nge chi chi pa

Our spoiling parts of the ritual,

དེ་ཡང་བཟོད་པར་མཛད་དུ་གསོལ། །

de yang sö par dze du söl

And anything that we have forgotten.

འཕགས་པའི་ཚོགས་རྣམས་ཀྱིས་བདག་ཅག་ལ་སོགས་པ་འགྲོ་བ་ཉམ་ཐག་པ་རྣམས་ཀྱི་དོན་མཛད་

pak pay tsok nam kyi dak chak la sok pa dro wa nyam tak pa nam kyi dön dze

Noble ones, you have been so kind in benefiting desperate beings like us.

ཅིང་བཀའ་དྲིན་སྩལ་ལགས་ཏེ། དུད་དུ་ཡང་བདག་ཅག་ལ་ཐུགས་བརྩེ་བས་ཡང་དང་

ching ka drin tsal lak te   da dung du yang dak chak la tuk tse way yang dang

With the intention to kindly and repeatedly return to us in the future,

ཡང་དུ་གདན་འཛོམས་པ་མཛད་པར་དགོངས་ཤིང་སོ་སོའི་གདུལ་བྱའི་ཞིང་རྣམས་སུ་འགྲོ་བ་

yang du den dzom pa dze par gong shing so soy dul jay shing nam su dro wa

please depart in order to benefit many beings in the realms where there are beings

མང་པོའི་དོན་ལ་གཤེགས་པར་སྩལ་དུ་ཅི་གནང་། །

mang poy dön la shek par tsal du chi nang

for you to tame.

དགེ་བ་བསྔོ་བ་ནི། རྒྱལ་བ་འབྲི་གུང་པའི་གསུང་།

The dedication of virtue:
The words of Gyalwa Drikungpa:

བདག་དང་འཁོར་འདས་ཐམས་ཅད་ཀྱིས་དུས་གསུམ་དུ་བསགས་པ་དང་ཡོད་པའི་དགེ་བའི་རྩ་བ་འདིས་

dak dang khor de tam che kyi dü sum du sak pa dang yö pay ge way tsa wa di

Through all roots of virtue accumulated by me or by anyone in samsara or nirvana

བདག་དང་སེམས་ཅན་ཐམས་ཅད་མྱུར་དུ་བླ་ན་མེད་པ་ཡང་དག་པར་རྫོགས་པའི་བྱང་ཆུབ་

dak dang sem chen tam che nyur du la na me pa yang dak par dzok pay jang chup

throughout the three times, may I and all beings quickly achieve unsurpassable, authentic,

རིན་པོ་ཆེ་ཐོབ་པར་གྱུར་ཅིག །ཅེས་དང་།

rin po che top par gyur chik

perfect, precious awakening.

ge way tsa wa dey lü kyi sem chen tam che la pen tok par gyur chik   ngak gi sem

And: Through these roots of virtue, may I benefit all beings with my body.

chen tam che la pen tok par gyur chik   yi kyi sem chen tam che la pen tok par

May I benefit all beings with my speech. May I benefit all beings with my mind.

gyur chik   nyön mong pa dö chak kyi sam pa mi ong war gyur chik   she dang gi

May thoughts of the affliction of desire never arise. May thoughts of hatred never arise.

sam pa mi ong war gyur chik   nga gyal dang   tra dok   nye pa dang kur ti

May thoughts of pride, jealousy, gain, position, fame, renown, and this life never arise.

drak pa dang nyen pa   tse diyi sam pa mi ong war jam pa dang nying je

May my being be moistened by love, compassion, and bodhichitta,

jang chup kyi sem kyi gyü len ne   yong su dzin pay ge way she nyen nam kha

and may I become a spiritual friend equal to space. In this very life

dang nyam par gyur ne   dak tse di nyi la chak gya chen po chok gi ngö drup top

may I achieve the supreme siddhi of mahamudra. When I die,

par gyur chik   nam chi way tse ne chö pay duk ngel mi ong   shi ngen du chi war

may I not have agonizing pain. May I not die in a state of resentment.

mi jung   dü ma yin par chi wa mi ong war   chi wa la ga wa dang che   de dang

May I not die before my time. May I die in a state of joy and happiness.

che ne   sem nyi shin tu sal wa dang   chö nyi shin tu sal wa dang drok ne

May I become familiar with the utterly clear mind essence

chi kha dang bar dor chi kyang chak gya chen po chok gi ngö drup top par gyur chik
and the utterly clear dharmata and then achieve the supreme siddhi of mahamudra

de de kho na shin du gyur chik   de de kho na shin du gyur chik   de de kho na
either at the time of death or in the bardo. May it be just so! May it be just so!

shin du gyur chik
May it be just so!

The declaration of auspiciousness:
Spoken by the Bhagavan to the householder named Gentle:

che way che chok tön chok la na me
May the blessings of the Dharma lord, the sun, the victor,

chö je nyi ma gyal way jin lap kyi
The unsurpassable supreme Teacher, greatest of all greats,

dü dang gek rik nö pay dra shi te
Subdue our harmful enemies, the maras and obstructors!

tak tu pal ne nyin tsen ta shi shok
May we always dwell in glorious good fortune day and night!

chö nyi den pay chö chok la na me
May the blessings of the nectar of the truth of genuine Dharma,

dam chö dü tsi den pay jin lap kyi
The unsurpassable supreme Dharma, the truth of dharmata,

nyön mong duk ngel dung way dra shi te
Free us from any moral flaws and make our virtue flourish!

tak tu pal ne nyin tsen ta shi shok
May we always dwell in glorious good fortune day and night!

gen dün yön ten rin chen pal bar wa
May the blessings of the truth of bodhisattvas' helpful deeds,

gyal se pen dze den pay jin lap kyi
The qualities of the Sangha, all ablaze in precious splendor,

ཉེས་པའི་སྐྱོན་བྲལ་དགེ་ཚོགས་རྣམ་འཕེལ་བ། | ། རྟག་ཏུ་དཔལ་གནས་ཉིན་མཚན་བཀྲ་ཤིས་ཤོག |

nye pay kyön dral ge tsok nam pel wa

Subdue our oppressive enemies of karma and afflictions!

tak tu pal ne nyin tsen ta shi shok

May we always dwell in glorious good fortune day and night!

ཚངས་དང་ལྷ་དབང་སྲུང་མའི་བྱིན་རླབས་ཀྱིས། | ། ཕན་མཛད་ལྷ་ཡི་བཀྲ་ཤིས་གནས་གྱུར་ཏེ། |

tsang dang lha wang sung may jin lap kyi

Through the blessings of Brahma and Indra, and of the protectors,

pen dze lha yi ta shi ne gyur te

May there be the auspiciousness of the benevolent gods;

བདེ་ལེགས་བསམ་པ་ཡིད་བཞིན་འགྲུབ་པ་དང་། | ། ཚེ་རིང་ནད་མེད་བདེ་སྐྱིད་ལྡན་པར་ཤོག |

de lek sam pa yi shin drup pa dang

May there be joy and goodness, may our wishes be accomplished,

tse ring ne me de kyi den par shok

And may we have long lives, good health, comfort, and happiness!

This ceremony of offering to the gurus was composed for many reasons by Ogyen Trinley Dorje, the one called "Karmapa". I read and carefully studied the words and meaning of ceremonies composed by gurus of many traditions, including The Sutra of the Hundredfold Homage for Amending Breaches, *which was the first Dharma to reach Tibet;* The Way of the Bodhisattva *by Shantideva;* Offerings to the Gurus *by the mahasiddha Lingrepa; the* Offerings to the Gurus *by Panchen Lobsang Chögyen;* Offerings to the Gurus of All the Dakpo Kagyu *by the guru Jamgön Lodrö Thaye; the* Shakyamuni Ceremony *by the great scholar Mipham Jamyang Namgyal;* The Ceremony of the Elders *by Shamar Chödrak Yeshe; and sutra rituals composed by several great spiritual friends of the Sakya tradition. I then carefully extracted from them everything that matched the present purpose and topic in a way that is accessible to ordinary people.*

It was composed in 2005 at the Vajra Vidya Institute at Deer Park in Sarnath, Varanasi, where the supreme Teacher Shakyamuni taught the Dharma wheel of the Four Truths to his first five disciples.

All-Pervading Benefit of Beings

The refuge and bodhichitta for the meditation and recitation of the Great Compassionate One:

sang gye chö dang tsok kyi chok nam la
In the supreme Buddha, Dharma and assembly,

jang chup bar du dak ni kyap su chi
I take refuge until attaining enlightenment.

dak gi jin sok gyi pay sö nam kyi
Through the merit of practicing generosity and so on,

dro la pen chir sang gye drup par shok (3x)
May I attain buddhahood in order to benefit beings.

Repeat three times.
Then, visualizing the deity:

dak sok kha khyap sem chen gyi
On the crown of the head of myself and others—beings pervading space,

chi tsuk pe kar da way teng
On a white lotus and moon, is HRĪH.

HRĪH le pak chok chen re sik
From it appears noble and supreme Avalokita.

kar sal ö ser nga den tro
He is brilliant white and radiates the five lights.

dze dzum tuk jey chen gyi sik
Handsome and smiling, he looks on with eyes of compassion.

chak shiy dang po tal jar dze
He has four hands: the first are joined in prayer,

ok nyi shel treng pe kar nam
The lower two hold a crystal mala and a white lotus.

dar dang rin chen gyen gyi tre
Adorned with ornaments of silks and jewels,

All-Pervading Benefit of Beings 137

ri dak pak pay tö yok sol
He wears an upper garment of deerskin.

ö pak me pay u gyen chen
Amitabha crowns his head.

shap nyi dor je kyil trung shuk
His two legs are in the vajra posture.

dri me da war gyab ten pa
His back rests against a stainless moon.

kyap ne kün dü ngo wor gyur
He is the embodiment of all objects of refuge.

Think that you and all sentient beings are supplicating with one voice:

kyön gyi ma gö ku dok kar
White in color, unstained by faults,

dzok sang gye kyi u la gyen
A perfect buddha adorning your head,

tuk jey chen gyi dro la sik
You look upon beings with eyes of compassion.

chen re sik la chak tsal lo (3x)
Avalokita, we prostrate to you.

Recite that as many times as you can.

de tar tse chik sol tap pay
Due to supplicating one-pointedly
in that way

pak pay ku le ö ser trö
Light rays stream forth from the body
of the Noble One

ma dak le nang trul she jang
And purify impure karmic appearances and
mistaken consciousness.

chi nö de wa chen gyi shing
The outer world becomes the pure land of
Sukhavati.

nang chü kye droy lü ngak sem
The body, speech and mind of the
inhabitants within

chen re sik wang ku sung tuk
Become the body, speech and mind of Avalokita.

nang drak rik tong yer me gyur
Appearances, sounds and awareness are inseparable from emptiness.

om mani padme hum
OṂ MAṆI PADME HŪṂ

At the end, without conceptualizing the three spheres, rest evenly in your own nature.

dak shen lü nang pak pay ku
The physical appearance of myself and others is the body of the Noble One.

dra drak yi ge druk may yang
Sounds are the melody of the six syllables.

dren tok ye she chen poy long
Thoughts are the expanse of great wisdom.

ge wa di yi nyur du dak
By this merit, may we quickly

chen re sik wang drup gyur ne
accomplish Avalokiteshvara

dro wa chik kyang ma lü pa
And establish every being

de yi sa la gö par shok
without exception in that state.